Sabine Hofstadler

Sex und mehr
kurz und kompakt

TWENTYSIX – Der Self-Publishing-Verlag
Eine Kooperation zwischen der Verlagsgruppe
Random House und BoD –
Books on Demand

© 2016 Hofstadler, Sabine

Herstellung und Verlag:
BoD – Books on Demand, Norderstedt.

ISBN: 9783740727543

Inhalt

Der erste Kontakt zwischen Mann und Frau	6
Begierde und Lust sind starke Gefühle	21
Erotik, die besondere Anziehungskraft	36
Liebe, die stärkste Zuneigung	46
Beziehung, das Leben als Paar	52
Bist du nicht willig, so brauch ich Gewalt	71
Kommunikation ist reden, zuhören und verstehen	79
Getrennte Wege	96
Singles und One Night Stands	106
Sex	113
Vorspiel, Mundverkehr und andere sexuelle Praktiken	136
Orgasmus, ein sexuelles Highlight?	148
Der große Mann will, der Kleine kann nicht	155
Die erloschene Sinnlichkeit der Frau	164
Sexuelles Erwachen und Handarbeit	168
Wechseljahre und Midlifecrisis	179
Sind Linkshänder und Homosexuelle pervers?	185
Gleichheit	188

Der erste Kontakt zwischen Mann und Frau

Der Mann starrt.
Er hat seine Beute entdeckt und fixiert unvermindert und mit ernstem Blick das Objekt seiner Begierde.
Der Evolution folgend und in den Genen fest verankert ist der Mann immer noch Jäger.
Er sitzt in einem Lokal und schräg gegenüber, nur wenige Meter von ihm entfernt sitzt die Beute.
Eine Frau!
Sie blättert in einer Zeitschrift und plötzlich sieht sie auf, ihre Blicke treffen sich.
Er starrt sie völlig regungslos an, sie senkt sofort den Kopf, um gleich wieder aufzublicken.
Der Mann durchdringt sie mit seinem Blick, sie schlägt die Augen nieder und legt die Zeitung weg.
Nervös trinkt sie einen Schluck Kaffee, sieht ihn an und lächelt.
Das sichere Zeichen dass auch sie Interesse hat.
Er nickt ihr zu und lächelt auch, dann wendet er sich ab.

Der Mann hat sein Ziel erreicht, sie findet ihn attraktiv und er kann jetzt mit dem Spiel des Liebeswerbens beginnen.
Die Frau ist enttäuscht weil er sie nicht mehr beachtet, jetzt starrt sie und wartet auf seinen Blickkontakt.
Sie beobachtet ihn, findet ihn sexy, wagt aber nicht einen weiteren Schritt zu tun.
Anscheinend hat er kein Interesse an ihr, oder er hat einen Termin, oder er ist gebunden, möglicherweise sogar verheiratet.
Viele Gedanken, viele Fragen.
Er fixiert sie wieder, sie lächelt, dann erhebt er sich und steuert auf sie zu.
Der Mann steht vor ihr, sie sitzt und muss zu ihm aufblicken.
Sie sehen sich in die Augen, es knistert.
Fast scheu und unsicher hält sie seinem ernsten Blick stand, dann lächelt er und stellt sich mit seinem Namen vor.

So fängt fast jeder Kontakt an. Verschiedene Menschen begegnen sich an verschiedenen Orten zu verschiedenen Zeiten.
Der Anfang ist gemacht, jetzt beginnt das Herantasten und das Kennenlernen und ob man zueinander passt.
Wir leben im 21. Jahrhundert, der Mann muss nicht mehr jagen und die Frau ist auch keine Beute mehr und niemals ein Freiwild.

Trotzdem ist es in der Regel immer noch der Mann der den ersten Annäherungsversuch startet, er ist der dominantere und aggressivere Teil der Geschlechter und aufgrund der Erziehung wartet die Frau bis er die Initiative ergreift.

Er wird sie nicht wie zu Urzeiten überwältigen und in seine Höhle zerren, wild mit ihr kopulieren und dann weiterziehen.
Nein, er wird sich benehmen wie ein Gentleman und abwarten ob die Frau seine Nähe akzeptiert.
Sie wählt aus mehreren Kriterien aus, ob der Mann bei ihr Chancen hat, er hat sich bereits entschieden, weil sie seine optischen Präferenzen erfüllt.
Die Frau wird die strengere Wahl treffen, sie bestimmt ob er zum Zug kommt.
Wenn sie an ihm Gefallen findet, sendet sie Signale aus und er muss darauf reagieren und weiter um sie werben.

Häufig findet ein Mann eine unbekannte Frau sehr anziehend, wagt aber nicht sie anzusprechen.
Weil sie so unglaublich attraktiv ist und er Angst hat, sich eine Abfuhr zu holen.
Auch schöne Frauen sehnen sich nach Liebe und einer Beziehung und warten darauf, dass sich ihnen ein Mann nähert.
Männer sind unsicher wenn sie einer solchen Frau begegnen und um sich die Peinlichkeit einer Zurückweisung zu ersparen, versuchen sie erst gar nicht, mit ihr ins Gespräch zu kommen.
Frauen haben durchaus Interesse an nicht so attraktiven Männern, sie sind treuer und die Konkurrenz wird nicht so schnell auf diesen Mann aufmerksam.
Wenn jedoch der Mann nicht aktiv wird, bleibt auch die Frau passiv.
Sie wird ihr Interesse zeigen, aber den ersten Schritt muss er wagen.

Frauen denken, ich bin hübsch und trotzdem versucht er nicht mit mir zu flirten, also muss es dafür einen Grund geben.
Möglicherweise ist sie nicht sein Typ, besonders schöne Frauen zweifeln dann an ihrem Aussehen, weil er nicht auf sie zugeht.
Wenn er sie nicht anspricht, vermutet sie dass er bereits vergeben ist.

Genauso wird eine nicht so hübsche Frau bei einem attraktiven Mann keine Flirtbereitschaft signalisieren, weil sie glaubt, sie ist ihm optisch nicht ebenbürtig.

Ein Mann sollte bei einer nicht so attraktiven Frau Interesse zeigen und nicht gleich auf Distanz gehen.
Vielleicht ist sie ja umwerfend humorvoll oder zieht ihn mit ihrem klugen Köpfchen in den Bann.
Oder sie hat dieses gewisse Etwas was auf den ersten Blick nicht erkennbar ist und im Bett könnte sie eine wahre Granate sein.

Solche Missverständnisse kann man am besten herausfinden indem man flirtet und ein Gespräch beginnt auch wenn man sich keine Chancen ausrechnet.
Gelegentlich finden Paare zusammen die optisch nicht zusammenpassen und doch hat es gefunkt.
Weil er so charmant ist oder sie ein so bezauberndes Lächeln hat.

Einen Annäherungsversuch zu starten lohnt sich also, aber ein Nein sollte respektiert werden!

Leider gibt es Männer die kapieren einfach nicht, dass eine Frau nach dem ersten Kontakt plötzlich kein Interesse mehr an ihm hat.
Auch wenn sie den Mann ausdrücklich zu verstehen gibt, das sie keine weitere Unterhaltung wünscht.
Männer ignorieren diese Abwehr und versuchen weiter die Frau zu beeindrucken, weil sie an ihre enorme Anziehungskraft glauben, die sie eben doch nicht haben.

Männer sollten es akzeptieren wenn sie bei einer Frau nicht landen können, die Grenzen anerkennen und sie nicht mehr belästigen.

Frauen wählen aus, nicht Männer! Jeder gut erzogene Mann wird sich an diese Regel halten und es eben bei einer Anderen versuchen.
Neues Spiel, neues Glück!
Er kann damit umgehen dass er eben nicht der Typ dieser begehrenswerten Frau ist.

Eine Begegnung kann also zu einer Beziehung führen, muss aber nicht.
Auch Freundschaft kann daraus entstehen und somit hat die Mühe der Annäherung einen anderen Wert gefunden, denn Freunde sind eine Bereicherung fürs Leben.
Und vereinzelt entwickeln sich aus anfänglicher Freundschaft mit der Zeit plötzlich Liebegefühle.

Jedem Mann seine Frau

Obwohl meist von Anfang an klar ist, dass eine Beziehung wegen zu großer Unterschiede nicht funktioniert, fühlt man sich immer wieder von falschen Typen angezogen und macht bei der Partnersuche den gleichen Fehler.

Man stürzt sich auf einen Menschen der gegensätzlicher nicht sein kann und genau das zieht uns magnetisch an, weil er etwas hat was wir nicht haben.
Doch für eine glückliche Verbindung muss Gemeinsames im Vordergrund stehen.
Mit unpassenden Partnern vergeuden wir unsere Zeit und stolpern vom euphorischen Gefühl der Verliebtheit in tiefen Liebeskummer und unschönen Trennungen.
Beim ersten Zusammentreffen zwischen zwei Menschen will sich jeder gut darstellen und mehr scheinen als sein. Man verstellt sich und verleugnet seinen wahren Charakter, man verbiegt sich um so zu sein wie der Andere uns will, doch das funktioniert nicht auf Dauer.
Der Mann schlüpft in die Maske des Machos obwohl er sensibel ist, die Frau gibt sich betont selbstsicher obwohl sie sich nach einer starken Schulter zum Anlehnen sehnt.

Männer glauben immer noch, ein Macho ist der Inbegriff der Männlichkeit und die Frauen stehen auf solche Männer.
Das stimmt nicht!
Frauen definieren Machos nämlich anders als Männer, Frauen wollen richtige Männer, dazu zählt der Macho sicher nicht.

Der Macho:

Der Macho ist ein Mann der nie seiner Pubertät entwachsen wird.
Er benimmt sich als seien seine Hormone gerade erwacht.
Er glaubt er ist ein ganzer Mann, in Wirklichkeit ist er ein Mann ohne Manieren, seine Kinderstube war offensichtlich nur auf eine Krabbelecke beschränkt.
Wenn er geht bekommt er seine Arme nicht an den Körper, er denkt wenn er sich aufbläst kann er Eindruck schinden, alle anderen glauben, vermutlich hat er sich beim rasieren unter den Achseln geschnitten und das Rasierwasser brennt noch.
Der kleingewachsene Macho trägt hohe Absätze, damit er größer wirkt, seine Beine spreizt er weit auseinander, um zu demonstrieren wie viel er doch in der Hose hat, das sieht einfach nur peinlich aus.

Seine Mutter ist für ihn eine Heilige, sie wird immer sein Leben dominieren, er schafft es nie sich von ihr zu lösen weil er Angst vor ihr hat.
Damit keine weitere Frau über ihn Macht erlangt, behandelt der Macho Frauen abwertend und kompensiert seine Unsicherheit durch ein übertriebenes, männliches Gehabe.

Ein Macho macht Witze über Sexualität und über Frauen und drückt damit seine eigene Unzulänglichkeit aus.
Er versucht ständig seine Männlichkeit unter Beweis zu stellen und lechzt nach Bewunderung.
Frauen müssen permanent erobert werden, aber sobald er sie im Bett hat verachtet er die Frau weil sie sich hingegeben hat.
Und schon wieder spürt er den Drang zu jagen, am besten nach ganz jungen Mädchen weil diese sexuell unkundig sind und er im Bett daher der Größte ist.

Machos bevorzugen blonde Frauen, denn diese entsprechen dem Kindchenschema.
Kleine Kinder sind fast alle blond und daher wirken blonde Frauen weicher, naiver und leichter zu verführen.
Erfahrene Frauen meidet der Macho, weil er keine vernichtende Rückmeldung über seine amateurhaften Sexualpraktiken will, denn Sexualität ist für ihn die Frau zu unterwerfen.

Sein geringes Selbstvertrauen verbirgt er hinter blöden Sprüchen, bevorzugt in einer Männerrunde.
Er prahlt mit seinen tollen Freunden, die sich vermutlich auch noch in der Entwicklungsphase befinden und sich dort immer noch wohl fühlen, obwohl sie bereits vierzig sind.
Der Macho hängt mit seinen Kumpels rum und beugt sich dem Gruppenzwang, er verblödet und passt sich dem coolsten, aber dümmsten Führer in der Gruppe an. Er betreibt vorzugsweise Kampfsportarten und lässt die Muskeln wachsen, das Hirn des Machos wird nicht trainiert.

Ein Macho glaubt ein richtiger Mann lässt keine Gefühle zu, daher ist er ist unfähig sich in eine tiefe, innige Beziehung einzulassen weil er davor Angst hat.
Angst vor der Frau und seinen Gefühlen für sie.

Es ist schwer zu begreifen, was manche Frauen an diesen Männern so anziehend finden.
Keine vernünftige Frau lässt sich mit einem Macho ein. Doch die Natur ist gnädig und hat das passende Gegenstück erschaffen, die Tussi.

Die Tussi:

Die Tussi ist eine Frau, die immer Papas Liebling war. Für seine Anerkennung hat sie sich stets nach seinen Wünschen gerichtet. Sie flötet mit hoher Stimme und macht sich bewusst klein und hilflos um Aufmerksamkeit bei den Männern zu erregen.

Sie trägt Minirock und High Heels, damit stöckelt sie in kurzen Schritten vor den Männern auf und ab, obwohl sie die Dreißig bei weitem überschritten hat.

Mit ihrem Gehabe macht sie sich einfach nur lächerlich.
In diesem Aufzug wird sie vom Mann zum Sexobjekt degradiert aber das checkt sie nicht.
Sie findet sich selbst süß und sexy und wundert sich warum sich die Männer nach dem One Night Stand von ihr abwenden.

Eine Tussi wird von vielen Männern umschwärmt, aber sie werden ihr nicht diese Art von Zuwendung geben die sie sich ersehnt.

Weil der Mann sie offensichtlich nicht lieb hat, strengt sie sich noch mehr an und unterwirft sich völlig.
Die Tussi hat ein Faible für Schönheitschirurgie und lässt sich die Brüste vergrößern und findet das toll, weil die Männer so gerne damit spielen.
Ihre Haare sind platinblond und die Kunstnägel haben hübsche kleine Muster mit Glitzersteinchen.
Die Finger sind mit Ringen so bestückt, dass sie kaum noch greifen kann.
Das ist sehr schlecht, denn das Mobiltelefon ist das wichtigste Accessoire und das muss nonstop bedient werden.
Sie besitzt ein ganzes Arsenal von Schuhen die ihr Druckstellen verursachen und viel zu kleine Handtaschen die unpraktisch sind.
Durchsichtige Blusen und Kleidung mit Leopardendruck gefallen ihr besonders gut.
Ihr Äußeres verspricht viel Sex, hält aber wenig.

Die Tussi schläft nicht gern mit einem Mann, denn wenn sie nackt ist kann sie ihre Schwachstellen nicht kaschieren, also ziert sie sich.
Sie will schließlich bewundert werden, am besten angezogen.

Aber im Job schläft sie sich nach oben. Wenn sie fünfzig wird zieht sie sich immer noch so an als wäre sie zwanzig.
Andere bemerken den stillen Schrei: Ich bin fünfzig und werde damit nicht fertig. Mit sechzig stirbt sie an ihrer achtzehnten Schönheitsoperation.

Der Softie:

Der Softie ist verständnisvoll und sensibel, redet viel über seine Partnerschaft und geht auf die Frau ein, aber er zerredet alles und schafft dadurch Probleme.
Er ist mindestens so weiblich wie seine Frau und wagt es nicht ihr bei Meinungsverschiedenheiten Paroli zu bieten.

Der Softie ist verweichlicht und immer brav.
Nette Männer sind jedoch nicht begehrenswert.
Frauen wollen keinen Mann der sie nach einem Strickmuster fragt oder ständig in der Küche anwesend ist.

Die Frau sehnt sich nach einem richtigen Mann, vor ihren Freundinnen schwärmt sie jedoch von seinen häuslichen Qualitäten.

Seine weibliche Ader lebt er reichlich aus und begeistert sich für alle Frauenthemen. Selbst bei Wechselbeschwerden seiner Frau kennt er ein passendes Mittel und gibt sein Wissen darüber in der Frauengruppe seiner Angetrauten preis.
Und versteht gar nicht, dass sie ihn aus der Frauengruppe ausschließt und ihn auch nicht mehr zum Yoga mitnimmt.

Der Softie ist Schwiegermutters Liebling und meist hat er eine Partnerin die seiner Mutter ähnlich ist.
Shopping ist ein Hobby des Softies und darum begleitet er seine Frau auf Einkaufstouren.
Sie agiert auf Softies Umklammerung wütend, weil er sich mehr für Mode als für Autos interessiert und sie nicht alleine losziehen kann.
Darum sucht sie seine Kleidung aus, bevorzugt schwarze Stoffhosen und rosa Hemden, damit er aussieht wie ein Kasperl.

Bowling macht den Softie Freude, weil er das für Sport hält.
Da irrt er sich gewaltig.
Verkaufspartys über gusseisernen Pfannen findet der Softie toll und er kennt sämtliche Essenzen seiner Kosmetikprodukte.

Der Softie nennt seine Frau Schatzi oder Mutti und Schatzi kocht gut und reichlich und er isst alles dankbar auf.
Essen ist sein Sex und davon kriegt er viel.

Der Softie sieht die Frau als Mutter seiner Kinder und als Mutter von sich selbst.
Er ist zu schwach ein Mann zu sein, weil er immer noch Kind ist und er will nicht erwachsen werden.
Darum bleibt er sanft und passiv und wird dafür von seiner Partnerin verachtet.

Er hat Angst davor ein Mann zu sein, Entscheidungen zu treffen und beim Sex die Führung zu übernehmen. Auch das überlässt er seiner Frau.

Irgendwann wird der Softie von Schatzi abgewiesen und der Sex stirbt endgültig, weil die Frau nicht mit einem femininen Mann Sex praktizieren will.

Sie will ja einen Mann und kein weiteres Kind oder eine zweite beste Freundin.

Als Ausgleich wendet er sich weiter dem Essen zu oder der Masturbation.
Sie wird nie von seiner Selbstbefriedigung erfahren, denn er fürchtet ihre Verachtung für sein Tun.
Er fährt einen Van oder Fahrrad.
Am Abend sitzt er vor dem Fernseher und erzählt wie wichtig er in der Arbeit ist, aber das glaubt nur er, sonst niemand.
Er reist viel, damit er was zu erzählen hat in seinem langweiligen Leben. Er ist so sexy wie ein Grabstein.
Irgendwann stirbt er an Verfettung.

Die Mama:

Sie ist der Deckel zum Topf des Softies und bemuttert, bekocht und verwöhnt ihn.
Das Wichtigste sind Küche, Kinder und Vati, so nennt sie ihren Mann.

Sie ist im Goldhaubenverein und im Häckelclub. Dort strickt sie warme Pullover für die ganze Familie.
Die Mama ist für ihren Mann Mutter, Kumpel und Putzfrau, aber nie Geliebte.
Sex sollte nur stattfinden wenn Nachwuchs geplant ist, denn sie ist auch der Kirche eng verbunden.
Sie findet sich nicht sexy und sie ist es auch nicht.
Sie trägt bequeme Klamotten, ausgetretene Schuhe und einen flotten Kurzhaarschnitt.
Das wichtigste sind Familienfeiern, man trifft sich zum Essen und die Kinder sind immer dabei auch wenn sie schon fast dreißig sind.
Der Apfel fällt eben nicht weit vom Stamm.

Der Urlaub wird meist in der Gruppe verbracht, weil die Mama nicht weiß was sie mit ihrem Mann reden oder tun soll.

Sie verabscheut kinderlose Frauen und solche die gut aussehen.
Weil sie nie so sein wird.
Im Laufe der Zeit wenn sie frustriert über ihr Leben nachdenkt,
beginnt sie an ihrem Mann herumzunörgeln und er nimmt es
ergebungsvoll hin.

Sie erkennt die Aussichtslosigkeit ihres Lebens und gibt über alle
hübsche Frauen niederschmetternde Kommentare ab vor lauter
Angst ihren Mann an diese zu verlieren.
Sie versucht in der Arbeit die Anerkennung zu bekommen die
ihr als Frau und Geliebte verweigert wurde, aber auch das
misslingt ihr.
Ständig sieht sie sich Liebesfilme an und hofft immer noch auf
den Märchenprinz.
Der wird jedoch nie kommen.
Die Mama wird je älter sie wird, stetig aber sicher bösartig.

Der Workaholic:

Arbeit ist das wichtigste im Leben dieser Menschen ob Mann
oder Frau.
Sie werden von ihrer Karriere beherrscht und vergeuden ihre
ganze Energie für ihr Erfolgsstreben.
Der Mann will Anerkennung, Aufsteigen und Besitz anhäufen,
aber ein Leben lebt er nicht.
Erst wenn die Workaholics am Zenit ihrer beruflichen Laufbahn
stehen fangen sie zu denken an.
Was gibt es noch, außer den Job?

Doch den Hamsterrad zu entrinnen fällt diesen Menschen
schwer, sie können nicht zurückschalten, sie reiben sich auf für
ihre Berufung, die Arbeit.
Im Berufsleben haben sie Leute gekündigt, Aktionäre befriedigt
und ohne Rücksicht auf Mitarbeiter sind sie ihren Weg gegangen,
immer war die Firma vorrangig.

Erst nach dem Herzinfarkt oder dem Burn out bemerken sie das
niemand da ist der sie auffängt.
Sie haben keinen Partner mit dem sie Gespräche führen können
oder der sie auffängt, wenn es ihnen schlecht geht.
Erst dann sind sie gezwungen, ihr Leben neu zu ordnen, den
Beruf einer Beziehung unterzuordnen.

Leider ist es meist viel zu spät. Der Workaholic ist bereits in einem Alter wo er sich nicht mehr neu orientieren kann, er ist ein Egoist geworden, ein Charakterschwein.
Er sitzt auf seinem Geld und ist nicht bereit, es mit jemanden zu teilen. Er ist geizig und im Herz verhärtet.

Echte Freunde hat er nicht und selten einen Partner an seiner Seite.
Wenn der Mann es doch geschafft hat neben seiner Arbeit eine Familie zu gründen, wird seine Frau ihr eigenes Leben führen, die Kinder bleiben ihm fremd, in dieser Familie ist er nur der Geldbeschaffer.
Seine Frau wird irgendwann die Scheidung einreichen und es sich mit ihrem Teil, des von ihm erarbeiteten Vermögens, gut gehen lassen.

Je weiter dieser Mensch in der beruflichen Hierarchie aufgestiegen ist, je weniger Sex hat er.
Ausgerechnet die Untergebenen dieser Workaholics haben ein genussvolleres Leben und vor allem besseren Sex.
Obwohl sie weniger Geld zur Verfügung haben, können sie sich über das schönere Leben und der Zweisamkeit freuen.
Sie sind einfach glücklicher weil sie den Wert und den Sinn des Lebens begriffen haben!

Die Frauen unter den Workaholics werden ohne Partner immer unzufriedener und terrorisieren alle anderen Frauen wenn sie die Möglichkeit dazu haben.
Als Ersatz für den Mann schaffen sie sich eine Katze oder einen Hund an und vermenschlichen dieses arme Tier.
In der Pension ist der Workaholic nur noch Rentner, mehr nicht.
Er hat sich über seine Arbeit definiert und die gibt es nicht mehr.

Die Seele verarmt zunehmend.
Zurück bleibt ein verbitterter Mensch, der nun die Zeit hat darüber nachzudenken, was er anderen Menschen angetan hat.
Und ist machtlos!

Der Traummann:

Der Mann hat erstklassige Umgangsformen, er ist gepflegt und gut gekleidet. Er kennt seine Wirkung auf Frauen, trotzdem begegnet er jeder Frau mit ausgesuchter Höflichkeit.
Er ist sportlich und besitzt Allgemeinwissen. Seine Unterhaltungen führt er sachlich und ohne anzugeben.
Das hat er nicht nötig.
Auch wenn er gut verdient und einen aufregenden Job hat, wird man es nicht auf den ersten Blick erkennen, damit zu protzen hat er auch nicht nötig. Er hat genug Selbstvertrauen und braucht daher keine Anerkennung.
Von niemanden!

Der Mann spielt nicht mit einer Frau, sondern bringt ihr Wertschätzung entgegen und lädt sie ein um sich mit ihr zu unterhalten und ohne Hintergedanken sie ins Bett zu bringen. Natürlich denkt er an Sex mit ihr, aber zuerst will er die Frau besser kennenlernen.
Wenn das Gespräch gut verlaufen ist und beide aneinander Gefallen gefunden haben, wird er sie um ein weiteres Treffen bitten.
Nur wenn sie ihre Zuneigung zeigt, wird er sie küssen und verführen.
Er wird mit seiner Partnerin Sport betreiben, gemeinsamen Hobbys nachgehen und Sex haben.
Auch schönen, schmutzigen Sex.
Wenn sie mal nicht will, wird er es akzeptieren, aber nicht immer.
Wenn er Lust hat, wird er Sex auch einfordern, liebevoll und nachdrücklich und er wird beharrlich sein und dabei Erfolg haben, denn er weiß was seine Frau wünscht und was ihr gefällt.

Beim Sex ist er zärtlich und sanft, aber auch fordernd und leidenschaftlich.
Meist beginnt er mit dem Liebesspiel, führt und leitet, genauso wie die Frau es schön und erregend findet.
Er verliert sich in der Sinnlichkeit und der Wärme seiner Frau und ist fähig alle Emotionen zu spüren und zu erleben.
Sex und Liebe sind für ihn untrennbar und er ist bereit sich zu öffnen und Gefühle zuzulassen.

Emotionen findet er nicht unmännlich, er bringt seine Gefühle direkt auf den Punkt.
Er ist feinfühlig, aber er trifft auch Entscheidungen und hat Durchsetzungsvermögen.
In einer Beziehung wird seine Frau immer gleichberechtigt sein, aber er duldet es nicht wenn sie nörgelt, ihn abwertet oder vor anderen blamiert.

Bei Meinungsverschiedenheiten wird er mit ihr diskutieren oder streiten und einen Kompromiss schließen.

Seine Frau ist ihm wichtiger als seine Freunde, immer!
Wenn die Beziehung nicht mehr funktioniert, wird er sich bemühen die Partnerschaft wieder zu beleben und leidenschaftlich zu gestalten.
Wenn die Frau nicht mitzieht, wird er die Konsequenzen ziehen und gehen.
Aufrichtig, freundschaftlich und ohne Streit.

Wie ein Mann.

Die Traumfrau:

Die Frau ist das passende Legosteinchen zum Traummann.

Der Macho wird von ihr abgelehnt weil er keine Manieren besitzt und seine Freunde Idioten sind.
Auch der Softie wird sie nie erobern können, weil er nicht weiß wie man charmant flirtet und sie nicht gewillt ist ihm das zu lernen.

Sie ist natürlich und hat ihren eigenen unverkennbaren Stil.
Die Frau legt Wert auf ihr Äußeres und sieht nicht nur öffentlich adrett aus, sondern auch zu Hause, und das zu jeder Zeit.

Sie liebt das Leben, betreibt Sport, achtet auf ihre Figur, ernährt sich gesund und ist gebildet und belesen. Die Frau weiß genau was sie will und bleibt authentisch ohne sich zu verbiegen.
Wenn sie sich für einen Mann entschieden hat, wird sie ihm immer treu sein.

Ihr Mann, ihre Kinder, Freunde und ihre Hobbys sind das wichtigste, genau in dieser Reihenfolge, sie verdient ihr eigenes Geld, der Job steht an letzter Stelle, auch wenn sie erfolgreich ist. Sie setzt eben Prioritäten.

Das Altern nimmt sie gelassen und die beste Kosmetik ist ihre Lebensfreude. Und der Sex.
Sie hat Lust und zeigt es auch. Gleichberechtigt verführt sie zum Beischlaf.
Wenn sie sich von ihrem Mann entfremdet, wird sie an der Beziehung arbeiten.
Das verlangt sie auch von ihm.
Wichtige Dinge bespricht sie mit ihrem Mann und nicht mit ihren Freundinnen.
Über ihre Beziehung schweigt sie, denn das Privatleben ist alleinige Sache zwischen ihr und ihren Partner und nicht für andere bestimmt.
Auch anvertraute Geheimnisse behält sie für sich.

Wenn er die Partnerschaft als selbstverständlich ansieht und seine Frau nicht achtet oder lieblos behandelt, wird sie die

Trennung herbeiführen und aus der gemeinsamen Wohnung ausziehen.
Ohne sich umzudrehen.
Ein Zurück wird es nicht geben.

Eben eine richtige Frau.

Nachsatz:

Der erste Kontakt mit einem Menschen kann sich zu einer großen Liebe entwickeln.
Man muss es nur zulassen!

Begierde und Lust sind starke Gefühle

Begierde ist Verlangen, man begehrt was man sieht und was einem gefällt.

Begehren bezieht sich auf viele Dinge, wie ein Gegenstand den wir schön finden, ein Job den wir anstreben oder ein Sportwagen den man unbedingt haben will.
Primär begehrt man das andere Geschlecht.

Plötzlich tritt diese reizvolle Person in unser Leben und nichts ist mehr so wie es war.
Man fühlt sich hingezogen zu diesem visuellen Highlight und begehrt mit allen Sinnen den kurvigen Körper der Frau oder den athletischen Körper des Mannes.
Wir fühlen uns magisch angezogen und wollen mehr als nur ein Gespräch oder Freundschaft.
Es erweckt in uns eine Sehnsucht die kaum zu beherrschen ist und wir wollen diesen Menschen mit jeder Faser unseres Körpers.
Wir begehren ihn!

Obwohl man sich nicht kennt spricht die Körpersprache Bände.
Der Mann folgt jeder ihrer Bewegungen mit den Augen, mustert ihren Körper und starrt sie stumm an.
Die Frau fängt an den Kopf zu neigen, lächelt, streicht sich über die Haare und wendet den Körper in seine Richtung.

Der Mann stellt sich vor mit ihr Sex zu haben, die Frau denkt darüber nach ob er Single ist.

Sexuelles Begehren:

Wenn der Mann nur ihren Körper begehrt und sexuellen Kontakt sucht, wird er sich von seiner besten Seite zeigen, ihr Komplimente machen und wenn es nötig ist, auch lügen.
Der Wunsch nach Sex mit dieser unbekannten Frau steigert das Verlangen und der Mann versucht möglichst schnell zum Ziel zu kommen.
Er wird sie zu einem Getränk oder zum Essen einladen und darauf hoffen dass sie sich wegen seiner finanziellen Zuwendung ihm gegenüber verpflichtet fühlt.
Dann wird er versuchen sie zu küssen und wenn die Frau es zulässt auch anfassen, er wird immer soweit gehen wie es die Frau erlaubt.
Bis zum Geschlechtsverkehr.
Ist ihm die Eroberung gelungen, ist auch der Reiz verflogen.
Er wird sich verabschieden und vermutlich nie anrufen, außer er hat wieder mal Lust auf ein Quicke, schnell und unkompliziert.
Männer sind so, solange Frauen das mit sich machen lassen!

Begehren nach Zweisamkeit:

Wenn jedoch ein Mann sich einer Frau gegenüber setzt und ihr in die Augen sieht und nicht auf die Brust, wenn er mit ihr ein anregendes Gespräch führt, wenn er höflich und zurückhaltend ist, löst das bei der Frau Verwirrung aus.

Sie fragt sich ob sie nicht anziehend ist und zweifelt an ihren Reizen weil er ihr nicht gleich an die Wäsche geht, aber genau das Gegenteil ist der Fall!
Der Mann hat echtes Interesse an ihr.
Er will mehr von ihr erfahren weil er sich vorstellen kann mit ihr eine Beziehung einzugehen.
Er hat nicht nur das Bedürfnis nach Sex, sondern will auch mit ihr die Zeit verbringen.
Der Mann hat sich verliebt!

Er wird sie vermutlich nach einigen Tagen unterhaltsamer Gespräche endlich küssen, aber er lässt sich Zeit mit der körperlichen Liebe.
Der Mann bemüht sich, nicht sofort ihrer Sinnlichkeit zu erliegen um nicht den Eindruck zu erwecken er wolle nur Sex.

Obwohl der quälende Drang der Begierde ihn beherrscht und er am liebsten sofort mit ihr schlafen würde.
Aber weil sie ihm etwas bedeutet hält er sich zurück, aus Angst vor ihrer Zurückweisung.
Doch in seinen Gedanken spielt sich anderes ab.
Er stellt sich vor, wie er sie umarmt und küsst, wie er ihren Körper an sich drückt, ihre Haare berührt, ihre Brüste streichelt, wie sie nackt aussieht und wie er mit ihr Sex hat.

Die Gedanken der Frau gleichen den Wünschen des Mannes, aber niemals überlegt sie was sie mit ihm anstellen würde, sondern wie er sie zur körperlichen Liebe verführt.
Wie er sie küsst und in die Arme nimmt, ihre Brüste liebkost und sie auszieht und mit dem Sex beginnt.
Das alles besonders langsam und zärtlich, die Fantasien einer Frau sind immer detailreich und ausschweifend.

Auch sie würde am liebsten sofort ihren sexuellen Gelüsten nachgeben aber sie wartet ab weil sie herausfinden will wie er als Mensch ist.
Optisch findet sie ihn anziehend, aber es gibt noch viele Fragen die sie klären muss, bevor sie mit ihm weitere Treffen vereinbart.

Eine Frau ist ein emotionales Wesen und in der Beziehung zu einem Mann sehr verletzlich.
Bevor sie sich verliebt will sie alles von ihm wissen.
Ob er in einer Partnerschaft lebt, wann war seine letzte Beziehung und warum ist diese in die Brüche gegangen, sind Kinder da, wie ist sein Charakter, hat er gute Manieren, wer sind seine Freunde, auch sein Beruf und seine Hobbys sind wichtig.
Erst wenn diese Dinge geklärt sind und wohlwollend von ihr aufgenommen werden, erst dann wird die Frau einen weiteren Treffen zustimmen und ihn weiter prüfen.
Ist er pünktlich, intelligent, reagiert er aggressiv oder besonnen, neigt er zu Gewalt, trinkt er, ist er ein guter Unterhalter, kann man mit ihm lachen.

Die Liste kann endlos sein und variieren, aber die Frau muss den Mann auf den Prüfstand stellen.
Denn wenn er nicht entspricht und wichtige Werte nicht erfüllt, wird sie die Verbindung zu ihm abbrechen um dadurch Unannehmlichkeiten zu entgehen.

Ein Schutzmechanismus der Frau.
Das Begehren wird sofort erlöschen wenn er nicht ihren Vorstellungen entspricht, auch wenn er noch so blendend aussieht.

Der Mann ist wesentlich einfacher gestrickt, für ihn zählen nur drei Dinge die eine Frau haben sollte:
Attraktivität, Zuneigung und Freundlichkeit.
Die Frau sollte also hübsch sein, sie sollte ihn mögen und sie sollte nett zu ihm sein.
Mehr nicht, für den Anfang sind diese drei Dinge für den Mann das wichtigste für das Begehren einer Frau und die mögliche Zweisamkeit.

Ein Mann denkt auch nicht gleich an eine enge Partnerschaft, so wie es Frauen tun, eine lockere Beziehung ist für ihn auch in Ordnung.

Und dann?

Etwa ein bis zwei Wochen, nachdem die Frau ihn bereits verzaubert hat und er seine Triebe nicht mehr in den Griff bekommt, wird er sie mit nach Hause nehmen und einfühlsam versuchen sie zu verführen.
Er wird nicht wie ein Tier über die Frau herfallen, er würde es gerne tun weil sie die sinnlichste Frau ist die er je gesehen hat, aber er verhält sich auch im Bett wie ein Sir und ist vor allem zärtlich und liebevoll.

Der Mann agiert deshalb sanft, weil er die Frau nicht durch sein dominantes Verhalten gleich wieder verlieren will. Er will sie behalten, solange er sie begehrt.

Mit dem Begehren kommt auch die Lust.

Lust, ein intensives Erlebnis:

Lust bedeutet das Leben lustvoll genießen. Die Lebenslust!

Lust zu haben ist etwas zu tun das Spaß macht und Freude bereitet.
Menschen haben Lust ins Kino zu gehen, Sport zu betreiben oder Freunde zu treffen.
Lust ist purer Genuss.

Echte Genießer erkennt man wie sie essen und trinken.
Menschen die lustlos ihr Essen hineinschaufeln, sind auch nicht fähig Sex zu genießen.

Lüstern zu sein bezieht sich auf sexuelle Dinge.
Der Mann begehrt die Frau, er hat Lust auf körperliche Liebe und strebt nach lustvoller Erfüllung.
Der Flirt mit einem unbekannten Menschen erzeugt Lustgefühle, man kann die Lust fühlen und spürt die Erregung.

Am Anfang einer Beziehung hat man Lust aufeinander und will sich ständig sehen und berühren.
Die Frau bereitet den Mann Lustgefühle und umgekehrt, weil sie verliebt sind.
Ein Kuss, eine Berührung, ein sanftes Streicheln über erogene Zonen, ein Kompliment, ein anerkennender Blick, täglich sagen sich Menschen wie wichtig sie einander sind.
Sie finden sich lustvoll und haben Sex, so oft wie möglich.
Um die Lust des Partners zu steigern versucht man die eigene Attraktivität zu erhöhen.
Frauen schminken sich, färben sich die Haare und lackieren sich die Fingernägel. Sie tragen Schmuck und Parfum. Männer punkten mit einer gepflegten Erscheinung und einen trainierten Körper und prahlen mit ihrem Job oder ihren Besitz.

Leider hält die pulsierende Lust auf Sex nicht ewig an, man wird sich vertrauter, kennt den nackten Körper des Partners, die Lust lässt in der Regel nach.
Die Verliebtheit macht den Sex lustvoll, aber die Zweisamkeit die wir anstreben und damit die Sicherheit und Vertrautheit machen den Sex vorhersehbar und damit langweilig.

Auch die Leidenschaft wird weniger, denn es gibt nichts mehr zu erobern.

In dieser Phase fangen Männer an, anderen Frauen nachzusehen und mit ihnen zu flirten.
Nichts ist für eine Frau demütigender, wenn der eigene Mann so offensichtlich fremde Frauen begehrt.
Der Mann nimmt zwar meist davon Abstand die andere, begehrenswerte Frau zu verführen, aber in seiner Fantasie schläft er mit ihr.
Auch Frauen stellen sich beim Liebesakt manchmal vor, ein anderer Mann liebkost sie.
Solange die Untreue nur in den Köpfen existiert, ist das kein Problem, die Gedanken sind eben frei!

Männer und Frauen haben gleich viel Lust, doch es gibt verschiedene Lustkiller:

Stress:

Am Morgen haben die meisten Menschen Lust auf Sex das Testosteron ist zu dieser Tageszeit am höchsten.
Aber statt der körperlichen Liebe müssen Männer und Frauen zur Arbeit, die Zeit für den frühen Sex fehlt.
Abends ist jeder müde, man will seine Ruhe und den Tag Revue passieren lassen.
Erschöpft zieht man sich zurück um abzuschalten und versucht ein Gespräch mit dem Partner zu vermeiden.
Doch die Work Life Balance kann sich auch zu Hause nicht einstellen, weil man sich mit dem Partner und den Alltagsproblemen auseinandersetzen muss.

Zum Arbeitsstress kommt noch der Freizeitstress.
Man glaubt kaum wie viele Aktivitäten dem Sex vorgezogen werden, allen voran das Fernsehen und für Hobbys und Sport wird Zeit eingeplant.

Besonders Männer sind für die Firma telefonisch immer zu erreichen, Frauen kümmern sich um die Kinder aber nicht um den Partner.
Man trifft sich mit Freunden und Kollegen, aber der Mensch der einem am wichtigsten sein sollte hat kaum Priorität und die Arbeit wird der Partnerschaft und der Sexualität untergeordnet.
Viele opfern eher ihre Beziehung, anstatt im Job zurückschalten.
Der Stress im Beruf und im Alltag tötet das Verlangen nach Sex.

Sorgen:

Probleme mit Angehörigen, finanzielle Sorgen, Krankheit, der Verlust des Arbeitsplatzes.
Es gibt viele Dinge mit denen wir uns beschäftigen müssen und die uns Angst bereiten.
Wenn Sorgen das Leben bestimmen, kann man nicht abschalten.
Man ist angespannt und denkt nicht an Sex.

Unattraktivität:

Singles versuchen ihre Attraktivität einzusetzen um für einen möglichen Partner begehrenswert zu sein.
Am Anfang einer Beziehung zeigt sich jeder von seiner Sonnenseite, leider ist dies nicht von Dauer.
Jeder kennt Männer oder Frauen die sich in einer längeren Partnerschaft oder Ehe verändern, oft nicht zum positiven. Sie pflegen sich nicht mehr, nehmen rasant Gewicht zu und bemühen sich nicht ihre Attraktivität zu behalten.

Wenn beide in der Beziehung ihr Äußeres zum Negativen wandeln, legen sie vielleicht nicht so viel Wert auf erotische Anziehungskraft, sie finden sich so wie sie sind, in Ordnung.
Wenn jedoch nur einer in der Partnerschaft an Attraktivität verliert, sieht es schlecht aus für die Beziehung. Der Mann schämt sich für seine dick gewordene Frau und die Frau findet ihren ungepflegten Mann peinlich.

Beim Anblick ihres Partner denken sie nicht an Sex, nein sie denken an diesen unerotischen Körper, den sie nicht mehr anfassen möchten und haben keine Lust mehr auf seine Nähe.

Lieblosigkeit:

Lieblosigkeit ist fehlende Zuwendung und der größte Lustkiller.

Wann hat er ihr gesagt dass er sie liebt und ohne sie nicht mehr leben kann? Oder noch besser, dass er sie schön findet?
Am Anfang der Beziehung...

Die Liebesbeweise werden immer seltener bis er sie völlig einstellt. Frauen sehnen sich nach verbalen und körperlichen Streicheleinheiten, sie brauchen sie um die Lust auf den Partner aufrecht zu erhalten, aber sie bekommen sie nicht mehr! Oder doch?
Der Mann will Sex, leitet das Vorspiel ein, sie soll sofort lustvoll sein, nur wenn er Sex will, ist er bereit sie zu liebkosen und ihr seine Zuneigung zu zeigen.
Aber da ist es schon zu spät, sie ist schon lange tief verletzt über seinen Egoismus, sie lehnt ihn ab, die Stimmung kippt.

Frauen haben Lust auf das was sie begehren, aber sie begehren keine Männer denen sie nichts mehr bedeuten.
Die Lust der Frau wird durch seine Gleichgültigkeit stetig begraben bis sie erlischt und er hat keine Ahnung warum sie ihn ablehnt.
Die täglichen kleinen zärtlichen Gesten, die Umarmungen, die Küsse das will die Frau.

Wann ist sie zum letzten Mal auf seinem Motorrad mitgefahren oder hat ihn zu einem Geschäftsessen begleitet oder zum Sex verführt?
Am Anfang der Beziehung...

Und dann drängt sie ihn plötzlich das Motorrad zu verkaufen und sagt ihm dass sie seine Kollegen immer schon gehasst hat!

Er versteht die Welt nicht mehr und seine Frau schon gar nicht.
Warum hat sie keine Lust mehr zu diesen gemeinsamen Aktivitäten, warum schläft sie nicht mehr mit mir?
Er liebt seine Frau doch!
Würde er sonst mit ihr zusammen sein?

Aber sie hat ihm zuliebe mitgemacht, jetzt will sie nicht mehr, weil er auch nichts für sie tut!
Für alles bekommt er jetzt die Rechnung. Er kauft sich teure Alufelgen, sie will kostbaren Schmuck.
Er geht zum Eishockey, sie trifft sich mit Freundinnen.
Alles wird auf die Waagschale gelegt.
Sie nörgelt und schimpft über seine Freunde, er kritisiert ihre Figur und ihre Kaufsucht.
Sie bekriegen sich, anstatt sich zu ergänzen, Lustgefühle können sich bei Lieblosigkeit nicht einstellen.

Unverständnis:

Es ist schön einen Menschen zu finden der mit uns fühlt und empfindet. Einer der uns versteht, der uns auffängt wenn wir traurig oder unglücklich sind. Ein Mensch der für unsere Stimmungen und unsere Sorgen Verständnis zeigt.
Leider bemüht sich der Mann nicht einmal Verständnis für die Probleme der Frau aufzubringen.

Und die Frau versucht nie sich in die Lage des Mannes zu versetzen. Jeder fühlt sich unverstanden.
Manche Frauen haben eigenartige Hobbys, zum Beispiel das Leben nach den Mondphasen.
Er findet das unsinnig und weist seine Frau auch darauf hin, er zieht Dinge die sie interessieren ins Lächerliche und verletzt sie mit diesen Äußerungen.

Der Mann wiederum trifft sich gerne mit Freunden, auf die er in der Regel große Stücke hält, er geht angeln oder zum Fußball.
Sie mag diese Freunde nicht und hält Fußball für einen Proletensport.
Das sagt sie ihm unmissverständlich, er reagiert mit Schweigen.

Wenn zwei Menschen zusammenleben und die Freizeitgestaltung so gegensätzlich ist und auch vom Partner abgelehnt wird ist es nur eine Frage der Zeit bis sich solche Paare trennen.
Kein Verständnis für den anderen und im Zuge dessen auch keine Lust mehr, weder auf gemeinsame Unternehmungen, noch auf den Partner, noch auf Sex mit ihm.

Unterschiedliches Verlangen und Passivität:

In einer Beziehung hat man Lust auf den Körper des Geliebten und will Sex.
Wenn das Verlangen jedoch nur von einem Partner ausgeht und der Andere wesentlich weniger Lust hat, ist Streit vorprogrammiert.

Meist geht der aktive, auch aggressive Part vom Mann aus.
Er drängt seine Frau zum Sex aber sie lehnt ihn ab weil sie aus obigen Gründen keine Lust hat.
Männer können ziemlich unbeherrscht reagieren, wenn sie eine Erektion bekommen und diesen Trieb nicht abbauen können.
Um ans Ziel zu kommen wollen sie die Frauen zum Beischlaf überreden und beginnen mit verbalen Vorwürfen.
„Wenn du nie mit mir schläfst muss ich mir eine Geliebte suchen!"
Wie häufig haben Frauen diese Worte schon gehört.

Der Einwand der Frauen klingt wie eine Entschuldigung und wird von den Männern nicht akzeptiert.

Wenn es um Sex geht, sind Männer plötzlich zu Gesprächen bereit, aber er spricht nur über den Sex, den er nicht von ihr bekommt.
Hier entwickeln die Herren Gesprächsthemen und Analysen, nur um die Frau rumzukriegen.
Leider ist der Mann, wenn er nicht bekommt was er will unausstehlich und Frauen lassen den Mann dann ran, aber ohne Lust.
Doch sie lassen ihm die Abneigung gegen den Sex spüren und bleiben völlig passiv!
Es gibt Männer die wollen nur eine schnelle Nummer und vögeln die Frau trotz ihrer Unlust.
Das ist für die Frau demütigend, daher will sie es schnell hinter sich bringen.

Ohne Vorspiel wird die Frau nicht erregt und feucht werden und muss durch sein rücksichtsloses Eindringen auch noch Schmerzen hinnehmen.
Sie reagiert darauf immer mehr mit Verweigerung.
Da nennt sie der Mann auch noch frigide!

Irgendwann wird er es aufgeben, denn mit einer passiven Frau zu schlafen ist langweilig und verdirbt ihm die Lust. Und sie wird durch sein dominantes Verhalten Sex zunehmend lustlos empfinden.

Erregungskurve:

Zeitmangel ist ein Grund warum besonders Frauen keine Lust bekommen.
Schneller Sex funktioniert nicht, weil Frauen Zeit benötigen um die Erregung aufzubauen und ohne Erregung werden sie nicht feucht und solange dass nicht passiert, sind sie nicht bereit den Mann aufzunehmen. Die Frau will ja nicht dass der Mann ihr weh tut.

Die Erregungskurve beim Mann geht schnell hinauf und fällt nach dem Orgasmus sofort wieder hinunter. Bei Frauen steigt die Erregungskurve langsam an, bleibt lange in der Höhe und flacht ganz langsam ab.

Frisch verliebte Paare lassen sich endlos Zeit beim Liebesspiel, sie küssen und streicheln sich stundenlang bevor es zum Geschlechtsverkehr kommt. Durch das lange Vorspiel kommen Frauen richtig auf Touren und sind unglaublich erregt, der Liebesakt ist für sie erfüllend und befriedigend.
Je länger die Beziehung dauert, je kürzer fällt das Vorspiel aus. Männer brauchen nichts mehr erforschen oder entdecken weil sie den Körper der Frau bereits kennen, also geht es rasch zur Sache, weil sie sich mit Zärtlichkeiten nicht mehr aufhalten wollen.

Warum die Frau nicht auch gleich Lust hat, verstehen sie nicht, der schnelle Sex wird nur den Mann Erfüllung bringen, die Frau bleibt unbefriedigt.

Frauen beschweren sich dass der Mann nicht mehr leidenschaftlich ist.
Sie träumen davon dass er sie packt, aufs Kreuz legt und nimmt. In ihren Fantasien wünschen sie sich aufregenden, harten Sex mit einem Mann der das Liebespiel dominiert.
Gleichzeitig beklagen sie sich, dass er nicht zärtlich ist und sich nicht genug Zeit nimmt sie zu erregen.
Kein Mann versteht was die Frau denn nun wirklich will.
Hart anpacken und überfallsartig penetrieren oder langsames Herantasten bis zur Wollust?

Frauen wollen beides, hintereinander!
Sie wollen erregt werden und das Vorspiel solange hinauszögern bis sie am höchsten Erregungsniveau angekommen sind.
Und dann wollen sie richtig scharfen Sex!

Frauenpower:

Es gibt Frauen die mehr Lust haben als Männer. Nur ein Mann kann mit der überbordenden Lust seiner Frau kaum umgehen.
Ein Mann will, dass sie will, wenn er will!
Und nicht etwa dass er muss, wenn sie will!
Das geht nun gar nicht!

Ein Mann will dass die Frau ihm jederzeit Sex gewährt.
Eine Frau die Lust hat will das auch vom Mann, nur hat er mit einer fordernden Frau massive Probleme.

Schließlich kann er nicht auf Knopfdruck einen steifen Penis bekommen, er ist ein Mann und kein Roboter.

Aber eine Frau sollte ständig verfügbar sein, denn sie kann immer weil sie eben keine Erektion aufbauen muss.

Eine Frau ist, genauso wie der Mann, bereits erregt wenn sie Sex will, denn ohne Erregung hat sie nämlich keine Lust auf Sex, auch sie ist kein Roboterweibchen.

Männer beschweren sich weil die Frauen nicht so oft wollen wie sie es gerne hätten.
Aber wenn sie will und er nicht, fühlt er sich unter Druck.
Und bei Stress wird er nicht erregt.

Es ist schwierig für ihn zu verstehen, dass sie mehr Verlangen hat als er, weil es gegen die Norm ist.
Er glaubt, er genüge der Frau nicht und er kann sie nicht befriedigen.
Auch die Angst dass sie ihn dann mit einem Anderen betrügen wird, ist vorhanden.
Eine Frau die Lust hat, soll und wird das auch zeigen, wo bleibt sonst die Gleichberechtigung?
Sie wird sich bemühen die Lust im Mann zu erwecken, meist mit Erfolg und zum Vergnügen des Mannes.
Und Männer entdecken, dass sie auch öfter Lust haben, aber auf Rücksicht auf die Frau die Sexualität reduzierten.

Pille:

Auch die Antibabypille kann, wenn man sie jahrelang nimmt, der Grund für Lustlosigkeit sein.
Frauen bemerken bei einer Pillenpause dass die Lust plötzlich wieder vorhanden ist und wollen wieder öfter mit dem Partner Sex.
Hormone können die Erregtheit und das Lustgefühl erheblich einschränken.
Wenn Frauen in die Menopause kommen oder mit der Pille aufhören kann sich auch ein höherer Drang nach Sexualität einstellen.
Auch andere Medikamente können die Libido erheblich bremsen und Lustlosigkeit erzeugen.

Bei glücklichen Paaren die keine Beziehungsprobleme haben, können Medikamente durchaus Schuld an der fehlenden Lust sein.

Routine:

Männer brauchen die Herausforderung, eine Partnerin die immer unterwürfig und ständig verfügbar ist, wirkt auf den Mann unerotisch.
Er braucht die Frau nicht erobern und das Erfolgserlebnis bleibt aus.
Obwohl Männer Geborgenheit und Vertrauen wünschen und diese nur in einer Beziehung finden, suchen sie dennoch die Leidenschaft und das Begehren. Beides funktioniert kaum.

Jede Partnerschaft ist Arbeit, tagtäglich, um der Routine und der Lustlosigkeit zu entkommen sollten sich Paare auf Augenhöhe begegnen, gemeinsam eine Auszeit wie ein Kurzurlaub gönnen und sich vor allem Zeit für die Liebe nehmen.
Zeitmangel ist für Routine im Bett verantwortlich, man spult sein Programm herunter ohne sich Gedanken an mögliche neue, erfrischende Liebesspiele zu machen.

Brechen sie aus der Routine aus, denken sie den ganzen Tag an Sex und was sie am Abend mit ihrem Partner anstellen wollen und reden sie mit ihrem Partner über Wünsche und Fantasien.
Der Partner wird kaum Sexpraktiken anwenden wenn er nicht weiß was sie wollen.

Fazit:

Zusammenfassend ist es der unglückliche und respektlose Umgang, die ständigen Nörgeleien und das Unverständnis füreinander, dass Paare die Lust aufeinander verlieren lässt.
In vielen Fällen ist es die körperliche, negative Veränderung des Partners, die das Verlangen nicht mehr entfachen.

Auch attraktive Paare verlieren die Lust aufeinander, obwohl sie immer noch sehr reizvoll aussehen.
Es ist die nachlassende Verliebtheit und die Selbstverständlichkeit dass der Partner immer verfügbar ist.

Aber auch Menschen in einer glücklichen und liebevollen
Beziehung sind nicht immer lüstern.
Der Alltag des Lebens macht uns lustlos und es sind banale
Dinge die uns nicht an Leidenschaft und Sex denken lassen.
Die Müdigkeit nach einem langen, harten Tag, der Stress mit den
Kollegen und die Dinge die man noch zu erledigen hat.
Man will nur nach Hause und abschalten.
Schön wäre es, wenn der Partner dafür Verständnis hat und
einem die dringend benötigte Ruhe auch gönnt.
Morgen ist auch noch ein Tag.

Nachsatz:

Begehren und Lust sind Liebesbeweise an den Partner.

Erotik, die besondere Anziehungskraft

Daniel:

Ich stand an der Bushaltestelle, es war kalt und ich hatte die Hände tief in die Taschen gesteckt und starrte auf den Boden.
Irgendjemand kam näher und stellte sich neben mich, ich schwenkte den Blick immer noch am Boden haftend, zur Seite und sah Damenstiefel, kleine, schwarze Stiefel ohne Absatz.
Ich drehte den Kopf zur Seite und ließ die Augen an diesen Damenschuhen hochwandern.
Enge Jeans, ab dem Knie ein grauer Mantel, schmale Figur, schmale Schultern, und dann die Kapuze mit hellgrauen Pelzkragen, das Gesicht war nicht zu erkennen.

Der Bus kam, die Kapuze wurde nach hinten geschoben, dann sah sie mich an.
Große Augen, ein ovales Gesicht mit hohen Backenknochen, etwa 40 Jahre, vielleicht auch älter.
Und dann schweiften ihren Augen blitzschnell an mir hinunter und wieder hinauf, sie lächelte.
Der Bus stand, sie stieg ein und drehte sich plötzlich um, fixierte mich und sah mich so herausfordernd an dass ich weiche Knie bekam und die Luft anhielt.
Dieser sinnliche Blick, ein unverschämtes Lächeln und diese stumme Aufforderung zum Sex.
Alles in wenigen Sekunden und beim Einsteigen in den Bus.
Sie ging einige Schritte nach vorne und blieb stehen, ich stellte mich sehr nah hinter sie in diesen mit Menschen vollgedrängten Bus.
Sie war einen Kopf kleiner als ich und ich starrte auf ihr braunes, schulterlanges Haar. Ich beugte mich leicht nach vorne und roch den Duft ihrer Haare und plötzlich wurde ich erregt.

Ich dachte an dieses unverschämte Grinsen und an ihren eindeutigen Blick, konnte mich aber nicht an die Farbe ihrer Augen erinnern.
Ich spürte die Erregung, mein Herz pochte, es wurde eng in meiner Hose, keiner sah es unter meinen Mantel.
In meiner Fantasie berührte ich sie, küsste sie, zog ihr den Mantel aus, nahm sie in die Arme und presste sie an mich.

Plötzlich ging die Tür auf, sie drehte sich um, sah mich wieder mit diesen unglaublich sinnlichen Blick an, ihr Mund verzog sich fast spöttisch und dann grinste sie und schlug die Augen nieder um sie gleich wieder auf mich zu richten.
Es war dieser erotisierende Ausdruck in ihren grauen Augen und dieses unverschämte Grinsen mit denen sie mich fast um den Verstand brachte.
Sie wusste dass sie mich erregte und sie spielte mit mir.

Dann stieg sie aus, ich sah ihr nach als sie die Straße entlangging, der Bus fuhr weiter und durch das Busfenster trafen sich nochmals unsere Blicke. Ernst starrten wir uns an, bis wir uns aus dem Blickwinkel verloren hatten.
Meine Erregung ließ langsam nach aber ich dachte den ganzen Tag an sie.
Trotz meiner 54 Jahre und trotz meiner glücklichen Ehe.
Es war diese Aufmerksamkeit die sie mir gab und das Wissen das sie mich mit ihrer Erscheinung erregt hatte. Und sie genoss es!
Es machte ihr Spaß mit mir zu flirten und mich zu unreinen Gedanken zu bewegen.
Sie war die sinnlichste Frau die mir je begegnet war.

Das ist Erotik!

Was macht Menschen erotisch?

Hier ist der erste Blick entscheidend. Wenn die Frau einen Mann sieht hat sie sofort sein erotisches Potenzial entdeckt.
Nein, der Mann muss nicht schön sein, er muss auch nicht perfekt gebaut sein. Die Erotik eines Mannes ist etwas ganz anderes.
Es ist seine Männlichkeit!
Je mehr sich ein Mann von einer Frau unterscheidet, je anziehender wirkt er auf eine Frau.
Genauso verhält es sich umgekehrt. Wenn der Mann eine Frau sieht findet er die Dinge an ihr erotisch die er nicht besitzt.
Ihre Weiblichkeit!
Wenn das Begehren durch Erotik aufrecht bleibt wird die Anziehungskraft ungebrochen sein und die Lust bleibt erhalten.
Eine lebendige, erotische Spannung wird durch herbe, männliche Leidenschaft und weiblicher Sinnlichkeit hergestellt.
In der Erotik ziehen sich Gegensätze an, hier eine reizvolle Vollblutfrau, dort ein männlicher, dominanter Gegenpart.

Erotische Merkmale sind körperliche Vorzüge oder andere Attribute die auf Menschen anziehend wirken:

Größe:

Je größer ein Mann ist, je mehr überragt er eine Frau, sie sieht zu ihm hoch und das macht den Mann schon wieder männlich, denn er vermittelt Sicherheit.

Die Frau ist in der Regel kleiner und zarter als der Mann und wirkt auf den Mann nicht bedrohlich weil sie körperlich auch schwächer ist als er. Sie weckt in ihm den Beschützerinstinkt, der Mann sieht sich gerne als Beschützer der Frau. Man sieht es immer wieder das der Mann den Arm um ihre Schultern gelegt hat, sie den Arm um seine Hüften. Er beschützt sie also mit seinen ganzen Körper, sie lehnt sich nur an. Durch seine Größe ist der Mann meist auch schwerer und stärker. Die Möglichkeit dass der Mann fähig ist die Frau durch seine Körperkraft zu schützen ist dadurch gegeben und daher fühlt sich die Frau geborgen, immer noch ein Urinstinkt.

Natürlich sind Frauen heute nicht wie in der Urzeit wilden Tieren oder sonstigen Mächten ausgesetzt, aber immer noch fühlt sich die Frau sicherer wenn sie abends in Begleitung eines Mannes unterwegs ist und nicht alleine.
Gerade in der Nacht ist die Gefahr groß, dass sie von fremden Männern angesprochen oder sogar bedrängt wird.
In Begleitung eines Mannes wird ein Fremder davon absehen von einer Frau Sex zu fordern.

Gesicht und Hals:

Das Gesicht eines Mannes ist in der Regel kantiger, das heißt die Konturen sind eckiger.
Die Augenbrauen sind wulstig und das Kinn breit.

Frauengesichter sind zarter und weniger markant als ein männliches Gesicht und die Konturen
sind weicher. Die Augen wirken größer und der Mund kleiner.
Schönheitsideale werden durch Make-up noch mehr zur Geltung gebracht und Mängel werden retuschiert.
Eine schöne, ebenmäßige Haut symbolisiert Jugendlichkeit bei der Frau.
Runde Gesichter wirken feminin, eckige Gesichter maskulin.
Ein dickes Gesicht ist unerotisch, weil es die typischen Merkmale zwischen Mann und Frau nicht hervorhebt.
Ein langer Hals ist bei Frauen erotisch, bei Männern nicht.

Schultern und Brust:

Auch das unterscheidet den Mann von der Frau, seine Schultern sind wesentlich breiter, dadurch ist auch der Brustkorb breit und muskulös.

Die Brust der Frau ist rund, hervorstehend und schön anzusehen.
Eine weibliche Brust ist im Gegensatz zur männlichen Brust unglaublich erotisch.
Nicht umsonst starren die Männer den Frauen auf die Brüste, sogar wenn sie mit der Frau reden. Jede Frau bemerkt den Blick des Mannes auf ihre Brust, auch wenn seine Augen nur kurz abweichen und nach unten wandern.
Für eine Frau ist es unangenehm, so angestarrt zu werden, da die Brust zu ihren erogenen Zonen gehört.

Für die Frau ist die Brust bereits eine Intimzone.
Und doch wird durch das Tragen von Push-up-Büstenhalter die Brust üppiger und größer dargestellt.
Beim Liebesakt wird die weibliche Brust immer von Männern berührt und gestreichelt.
Männern und Frauen gefällt das, weil sie dadurch erregt werden.
Frauen die sich ihrer Brust schämen, werden die Liebkosungen des Mannes nur ungern zulassen.

Einer männlichen Brust wird nicht soviel Aufmerksamkeit geschenkt. Frauen sehen Männer nicht auf die Brust, sie finden einen breiten Brustkorb schön und ästhetisch aber sie bekommen dadurch kein sexuelles Verlangen nach dem Mann.
Ein Mann kann bereits durch den Anblick einer schönen Brust, auch wenn sie unter der Kleidung versteckt ist, eine Erektion bekommen.

Die Frau kann mit ihrer Brust ein Baby stillen, wieder ein gravierender Unterschied zur männlichen Brust.
Die Brust einer Frau ist also ein erotisches Attribut, die des Mannes nicht.

Taille und Gesäß:

Beim Mann sollte die Taille, die Hüfte und das Gesäß wesentlich schmäler sein als seine Schultern.
Nichts ist unerotischer als ein dickes Hinterteil beim Mann. Er wirkt weiblich, sein Gang ist schwingend, die Hose sitzt nicht an den Hüften sondern unter dem Bauch und spannt sich um das Hinterteil.
Ein dickes Gesäß ist verbunden mit dicken Oberschenkeln und diese Figur ist typisch weiblich.
Er sieht also aus wie eine Frau, zumindest von hinten, das macht einen Mann unerotisch.

Bei der Frau ist die Taille wesentlich schmäler als die runden Hüften und das Gesäß, man erkennt die Kurven deutlich, eine Frau mit Sanduhrfigur ist erotisch.
Nicht umsonst sind die Maße 90-60-90 das Kriterium für einen sexy wirkenden Frauenkörper.

Arme, Beine und Hände:

Die männlichen Extremitäten sollten kräftig und muskulös sein. Dadurch haben sie eine Spannkraft und wirken auf eine Frau sehr maskulin.
Die Arme und Beine einer Frau sollten fest sein, aber bei weitem nicht so ausgeprägt muskulös wie die eines Mannes.
Frauen tragen hohe Absätze um die Beine optisch zu strecken.

Bei Männern sind Hände und Füße größer.
Kleine Frauenhände und zarte Füße sind ein Erotiksymbol.
Frauen unterstreichen ihre Weiblichkeit indem sie sich die Nägel lackieren und die Füße in schmale Schuhe stecken.

Bauch:

Je flacher der Bauch je mehr Muskeln. Frauen haben nichts gegen einen kleinen Bauchansatz den der Mann im Laufe der Jahre meist bekommt. Aber Sixpack statt Bauchfett ist für die Frauen äußerst reizvoll.
Umgekehrt wünscht sich der Mann auch bei der Frau einen flachen Bauch. Die Brust der Frau wird durch einen flachen Bauch mehr betont, sie hebt sich ab und kommt dadurch mehr zur Geltung.
Und das wiederum findet der Mann sexy.

Behaarung:

Männer sind im Unterschied zur Frau stärker behaart.
Männer haben Bart und Brusthaare und längere Haare an Beinen und Armen.
Manchmal haben Männer auch am Rücken, am Gesäß und am Handrücken Haare.
Ein maskuliner Mann unterstreicht seine Männlichkeit mit kurzen Haaren. Auch eine Glatze kann erotisch sein.
Frauen entfernen unerwünschte Haare an Beinen und in der Achselhöhle.
Auch der Intimbereich wird rasiert oder getrimmt.
Haare sind ein ganz wichtiger Lustfaktor, lange Haare sind weiblich, ein Kurzhaarschnitt ist männlich.
Viele Frauen färben ihre Haare, auch schon in jungen Jahren, Männer tun dies selten.

Stimme:

Ein Mann mit tiefer Stimme ist unglaublich erotisch.
Fast keine Frau hat eine sehr tiefe Stimme, sondern die Töne sind meist höher und schriller.
Männer mit einer Bassstimme scheinen durchsetzungsfähiger und der tiefe Klang der Stimme bedeutet männliche Attribute, wie einen hohen Anteil an Testosteron.

Auch der Kehlkopf ist beim Mann sichtbar bei der Frau aber nicht.

Geld, Status und Macht:

Geld macht einen Mann nicht erotisch.

Ein Mann kann einer Frau mit Geld finanzielle Wünsche erfüllen, darum haben Männer die unattraktiv sind, aber Geld besitzen auch schöne Frauen.
Würden sie kein Geld haben wären sie für eine Frau uninteressant.
Frauen sind in der Auswahl von Männern kompromissbereiter, auch wenn er nicht anziehend ist, dafür aber finanzielle Ressourcen besitzt, kann es sein dass sie seinem Werben erliegt.

Ein Mann mit Status und der damit verbundenen Macht ist nicht erotisch.

Eine Frau bevorzugt einen Mann nur deshalb, weil sie sich durch seine Macht Vorteile erhoffen.
Oft sieht man Männer, die öffentliches Ansehen genießen, mit reizvollen Frauen, aber wenn der Mann den Status verliert, verliert er auch die Frau.

Frauen können sehr berechnend sein.

Frauen die Geld, Macht und Status besitzen, wirken auf den Mann nicht erotisch. Männer legen in der Regel bei der Frau keinen Wert darauf.
Im Gegenteil, viele Männer haben Probleme damit wenn die Frau im Rampenlicht steht oder mehr verdient als der Mann.

Charakter und Lebensfreude:

Frauen müssen nicht unglaublich sexy aussehen um erotisch zu wirken. Natürlich sehen Männer zuerst auf die äußeren Vorteile und bevorzugen reizvolle weibliche Wesen die schlank und kurvig sind, lange Haare haben und einen tollen Busen.

Oft ist es jedoch auch der Charakter der Frau.
Es gibt Frauen die auf den ersten Blick nicht anziehen wirken, aber sobald sie mit einen Mann ein Gespräch beginnen, kann er völlig in ihren Bann gefesselt sein.
Besonders wenn sie einen köstlichen Humor besitzt und ihn zum Lachen bringt oder eine gute Unterhalterin ist und sich für den Mann interessiert.

Grundsätzlich ist der Mann unsicher wenn er sich einer Frau nähert.
Er muss mit einer Abfuhr rechnen und das ist für ihn demütigend.
Eine Frau die strahlend auf einen Mann zugeht und Lebensfreude signalisiert, wird schnell sein Herz erwärmen.
Der Mann fühlt sich bei einer solchen Frau schon wesentlich sicherer sie zu erobern und dadurch wird sein Gefallen an ihr wachsen.

Genauso verhält es sich beim Mann.
Auch wenn er nicht der optische Typ einer Frau ist, kann er mit seinen Charme, seinen Charakter oder mit Freundlichkeit punkten.
Frauen mögen höfliche Gesprächspartner, Kultiviertheit und gutes Benehmen.
Wenn ein Mann ein Gentleman ist und die Frau wertschätzend behandelt und ihr auf Augenhöhe begegnet, wird sie an ihm interessiert sein.
Auch bestimmte Sportarten die der Mann betreibt, heben sein Ansehen und können für einen Flirt nützlich sein.

Frauen finden Männer die wissen was sie wollen und wie sie dort hinkommen, erotisch.
Ein Mann sollte mit beiden Beinen fest im Leben stehen. Männer die einen Mutterersatz suchen, kommen bei Frauen nicht gut an.

Aufmerksamkeit:

Ein gemeinsames Hobby oder Interesse für den anderen wirkt erotisch.
Wenn ein Mensch des anderen Geschlechts nett ist, hat die Unterhaltung auch einen erotischen Unterton.
Ein Mann der einer Frau aufmerksam zuhört oder sie mit fesselnden Erzählungen beeindruckt, ist anziehend.

Eine Frau die den Mann für etwas Anerkennung zollt, wird reizvoll erscheinen.

Jeder wünscht sich Aufmerksamkeit und Akzeptanz, wenn uns jemand diese Zuwendung gibt werden wir diesen noch netter finden.

Manchmal sind jedoch sehr gepflegte und hübsche Männer die noch dazu sehr nett sind, einfach nur schwul.

Die Erotik erlischt:

Das größte Problem in einer Partnerschaft ist die sexuelle Unzufriedenheit, vor allem die fehlende Lust auf Sex.

Erotik ist dieses gewisse Etwas das den Menschen so anziehend macht. Erotik ist Sinnlichkeit und sexuelle Energie, also wenn man den Partner immer noch verführen und faszinieren kann.

Im Alltag des Zusammenlebens verlieren viele Paare diese erotische Ausstrahlung.
Frauen wollen nicht mehr sexy sein weil der Mann sie sonst ständig bedrängen würde mit ihm zu schlafen.
Männer suchen Ruhe und Entspannung beim Essen und beim Fernsehen oder sie suchen Anspannung beim Sport.
Leider nicht beim Sex!

Menschen verändern sich körperlich indem sie ihre Attraktivität verlieren.
Sie bewegen sich nicht mehr und leben in Passivität.

Sie verändern sich geistig, indem sie nicht mehr den Esprit von früher besitzen, sie sind uncharmant, träge und schweigsam.

Sie verändern sich seelisch, indem sie unzufrieden werden, nicht auf sich und ihre Bedürfnisse achten und das einstige Wohlbefinden in der Beziehung in Gleichgültigkeit umschlägt. Sie konzentrieren sich auf die Karriere, aber nicht auf den Partner.

Nur bei einem neuen Partner erwacht die Erotik wieder und damit auch das eigene erotische Potenzial.

Nachsatz:

Zeigen sie den Partner wieder dass sie begehrenswert sind. Bringen sie Erotik in ihr Leben und spüren sie dadurch wieder Lust auf Sex.

Liebe, die stärkste Zuneigung

Liebe empfindet man für viele Dinge. Man liebt seine Kinder, seine Eltern, seine Geschwister und seine Freunde. Auch das Haustier liebt man.

Liebe bedeutet also wenn man jemanden gern hat oder etwas besonders mag und Liebe ist die stärkste Zuneigung die man einem Menschen entgegenbringt.

Natürlich wird jeder Mensch behaupten auch seinen Partner zu lieben. Aber die Beziehung zwischen zwei Menschen sollte mehr enthalten als Liebe.
Man liebt diesen Menschen nicht nur mit dem Herz, sondern auch mit der Seele und vor allem will man mit ihm auch die körperliche Liebe. Man will Sex!

Frisch verliebte Paare können die Finger kaum voneinander lassen und sie glauben ohne den neuen Partner nicht mehr leben zu können.
Die Gedanken kreisen ständig um diesen besonderen Menschen, der in ihr Leben getreten ist.

Kein Anderer ist reizvoller als der in dem man verliebt ist.
Man findet sich gegenseitig sehr anziehend, küsst sich, berührt sich, umarmt sich und beteuert einander die Liebe.
Man wird sehnsuchtskrank wenn man nicht zusammen ist.

Das Leben in der Phase der Verliebtheit ist aufregend und anregend.
Das Gehirn spielt verrückt, man spürt die Schmetterlinge im Bauch fliegen, man lächelt ständig, das Herz klopft, das Leben ist lebenswert und sinnvoll geworden und der Alltag ist mit Leichtigkeit zu bewältigen.
Die Liebe kommt meist plötzlich und lässt sich nicht erzwingen, sie vermittelt uns Begehren und Lust, Euphorie und Glückseligkeit.

Meist hält dieses verliebte Gefühl nur einige Monate an, dann kann man wieder klar und vernünftig denken.

Nach dieser Zeitspanne gelingt es den Menschen kaum mehr, sich anders darzustellen als man wirklich ist. Der wahre Charakter lässt sich nicht mehr verbergen.

Plötzlich sieht man jetzt Dinge am Partner die einem nicht mehr so gut gefallen.
Und genau an diesen Punkt müssen sich Paare entscheiden, ob man die Fehler des Anderen toleriert und damit leben kann oder wieder auseinandergeht.
Der Reiz des Neuen ist erloschen, Überraschungen sind kaum mehr zu erwarten.
Der Mensch ist genau so wie er sich jetzt präsentiert.

Wenn man sich immer noch anziehend findet und den Partner auch liebt, wird man die Beziehung weiterführen.
Es wird Tage geben wo es keine körperliche Liebe gibt, dafür aber gute Gespräche.
Man tritt gegenüber Anderen als Paar auf und festigt somit die Zusammengehörigkeit.

Liebe und Sex ist das Fundament der Beziehung, aber sie wird durch andere Zuwendungen gefestigt:

Wertschätzung:

Jeder wünscht sich von seinem Partner Wertschätzung.
Gleichzeitig will man einen Menschen an seiner Seite vor dem man Achtung haben kann und nicht einen für den man sich schämen muss.
Schlechte Manieren, unangenehmes Verhalten, rüpelhaftes Benehmen und taktlose Bemerkungen zwischen Paaren zeugen von geringer Wertschätzung.

Einen Partner den man nicht achtet, bringt man keine Wertschätzung entgegen, er ist uns gleichgültig. Im schlimmsten Fall verachten wir ihn.

Freundschaft:

Freundschaft sollte in jeder Beziehung zwischen Mann und Frau bestehen.
Mit Freunden verbringt man Zeit, sie sind da wenn man sie braucht, auch in schlechten Zeiten.
Gute Freunde kennen unsere Geheimnisse, nehmen an unserem Leben teil und haben dieselben Interessen wie wir.
Freundschaft ist eine Beziehung zwischen zwei Menschen und auf gegenseitige Zuwendung aufgebaut, sie muss wachsen und gepflegt werden.

Leider sind Freunde häufig wichtiger als der Partner, denn der Partner wird als selbstverständlich angesehen und daher bemüht man sich nicht mehr um ihn.
Wir verbringen mit Freunden die Freizeit und begegnen ihnen mit Respekt und guter Laune.
Was für den Umgang mit Freunden normal ist, sollte aber auch für den Partner gelten.
Freunde werden uns für schlechte Laune, Kritik und verbale Entgleisungen die Freundschaft aufkünden, sie wenden sich schneller von uns ab wenn Meinungsverschiedenheiten entstehen oder wenn sie unserer Authentizität in Frage stellen.

Der Partner muss unsere Stimmungsschwankungen abfangen, mit Kritik umgehen und uns täglich ertragen. Er kennt uns besser als jeder andere und doch hält er immer zu uns, daher sollte der Partner auch wertvoller sein als unsere Freunde.
Schön wäre es, wenn der Mann sagt seine Frau ist sein bester Freund und natürlich auch umgekehrt.

Vertrauen:

Zu einer glücklichen Beziehung gehört Vertrauen.
Wenn man den Menschen den man liebt seine Zuneigung auch zeigt und ihm vertraut, bekommt man das Gleiche von ihm zurück.

Jeder sehnt sich nach Liebe und respektvollen Miteinander, es fällt leicht die Liebe auch zu erwidern wenn man im Leben des Anderen einen hohen Stellenwert hat.

Man kann sich Schwächen und Ängste erlauben weil der Partner mit Verständnis reagiert.
Probleme werden besprochen und gemeinsam bewältigt, man vertraut sich gegenseitig.

Leidenschaft:

Liebe ist auch Leidenschaft.
Wie wenig Paare begehren sich noch, wie wenige sind noch nach Jahren leidenschaftlich im Bett, wie selten sieht der Mann seine Frau bewundernd an.
Man könnte genauso mit seinen Eltern oder Freunden zusammenleben.
Die liebt man auch, aber man begehrt sie nicht.

Das Begehren ist verschwunden, man begehrt nicht was man jederzeit und ohne Anstrengung haben kann, daher ist es wichtig, Begehren zu vermitteln.

Es ist das Gefühl, einen Partner zu haben, ihn aber nicht zu besitzen. Auch in einer langen Beziehung muss immer klar sein, dass dieser kein Eigentum ist.
Paare die auch auf andere anziehend wirken, gehen wesentlich liebevoller miteinander um, weil sie den Wert ihres Partners kennen.
Je reizvoller er ist, je mehr Aufmerksamkeit wird man ihm geben.
Von anderen begehrt werden, steigert den Marktwert erheblich und daher wird das Verlangen nach dem Partner aufrechterhalten.

Liebe zu einem Partner beinhaltet also Zuneigung, Freundschaft, Achtung, Vertrauen, Begehren und Sex. Und solange man verliebt ist, bleibt die sexuelle Begierde aufrecht.

Liebe auf den ersten Blick:

Gibt es das? Liebe auf den ersten Blick?
Man trifft einen Menschen und die Anziehungskraft ist enorm und auch dieser noch Fremde hat an uns Interesse.

Im Gespräch findet man Gemeinsamkeiten und gleiche Einstellungen zu wichtigen Dingen.
Man will sich berühren und sucht seine Nähe.
Liebe ist das nicht.

Es ist beginnende Verliebtheit und aufregende Erotik, ein Zustand des gegenseitigen Begehrens.
Liebe ist etwas ganz anderes.

Echte Liebe sind tiefe Gefühle für den Partner und Liebe braucht Zeit um zu entstehen und zu wachsen.
Jemanden mögen oder sympathisch finden ist Freundschaft, jemanden begehren ist sexuelle Anziehungskraft.

Liebe ist umfassend und kann nicht bereits beim ersten Kontakt entstehen.
Immer wieder glauben besonders Frauen, sie haben die Liebe ihres Lebens getroffen.

Sie denken es ist Liebe auf den ersten Blick, weil er etwas hat was ihnen vertraut ist.
Das kann ein Rasierwasser sein, also ein bekannter Duft, eine Körperhaltung oder eine Stimme die sie an jemanden erinnert.
Auch bestimmte Bewegungen oder Reaktionen können Vertrauen erwecken, weil die Frau diese Mimik oder Sinneseindrücke bereits von einer anderen Person kennen.

Diese Gesten erzeugen angenehme Erinnerungen und dadurch wird dieser neue Mensch positiv eingeschätzt.
Sie verwechseln Verliebtheit mit Liebe und bemerken im Laufe der Zeit dass der Partner nicht so ist wie er auf den ersten Blick wahrgenommen wurde.
Weil das Vertraute nicht so zum Vorschein kam wie sie es erhofften oder erlebt haben.

Liebe ist ein Gefühl für den Partner, Paare treten als Einheit auf und vertrauen sich blind.
Und diesen Zustand kann man nicht auf den ersten Blick erreichen.

Nachsatz:

Liebe ist eine Seele in zwei Körper die im Gleichklang schwingt.

Beziehung, das Leben als Paar

Das Leben mit einem neuen Partner ist aufregend und schön, der Sex ist fantastisch und erfüllend.
Verliebte Paare wollen auf immer und ewig zusammenbleiben und beginnen daher eine Beziehung.

In dieser Phase der Verliebtheit ist man auch enorm eifersüchtig.
Weil der Partner so begehrenswert scheint, sieht man in jedem anderen Menschen einen Konkurrenten.
Jeder Annäherungsversuch von außen wird als Bedrohung wahrgenommen.
Die Expartner des Geliebten werden misstrauisch beobachtet und als gefährlich für das gerade erblühende Verhältnis eingestuft.

Immer wieder beteuert man seine Treue und verlangt diese auch vom neuen Partner zu dem man noch kein Vertrauen aufgebaut hat.
Man ist wachsam, so wachsam wie man es nie wieder in Laufe der Beziehung sein wird.
Diese Eifersucht ist jedoch unbegründet, denn verliebte Menschen betrügen sich nicht.
Sie glauben, etwas Faszinierendes als diesen neuen Partner werden sie nie wieder finden und darum
schenken sie sich gegenseitig Aufmerksamkeit, überschütten sich mit Liebe und bleiben sich treu.
Andere mögliche Partner sind nicht existent und keine Versuchung wert, es gelingt niemanden das verliebte Paar zu entzweien.
Alles wird gemeinsam unternommen, Alleingang wird vermieden, Zweisamkeit ist das wichtigste.

Im Laufe der Zeit, also nach Monaten oder Jahren, wird auch räumliche Nähe überlegt und das Paar zieht zusammen.
Weil alles so gut funktioniert und die Beziehung läuft, wird über eine Hochzeit nachgedacht.

Der Sex ist immer noch hervorragend und daher wird die Sexualität weiter betrieben, jedoch mit einem anderen Ziel.
Sie wird nicht nur als lustbringende Angelegenheit betrachtet, sondern als Mittel zum Zweck nämlich zur Zeugung eines oder mehrerer Kinder.

Besonders Frauen wünschen sich, nicht mehr nur als Paar durchs Leben zu gehen sondern als Familie und die Kinder sollten einen gemeinsamen Namen tragen.

Und dann, schleichend aber stetig nimmt die Verliebtheit ab und die Paare werden sich vertrauter.
Der Alltag fordert die Partnerschaft, der Sex wird zur Gewohnheit und das Begehren lässt nach.

In dieser Lebensphase glauben Mann und Frau dass der Zustand der Verliebtheit nur durch einen neuen Partner wieder zu erreichen ist.
Sie gehen jedoch nicht fremd aus Angst ihren Partner oder die Familie zu verlieren.
Zumindest vorerst!

Treue, auf immer und ewig?

Ein Mann würde am liebsten mit verschiedenen Frauen schlafen auch wenn die Beziehung gut ist aber wegen der Konsequenzen hält er sich zurück.
Er löst das Dilemma nach dem Wunsch von unterschiedlichsten Geschlechtspartnerinnen, in dem er sich selbst befriedigt und so seine Fantasien auslebt.

Manche Männer würden ihre Frauen gerne betrügen, weil sie wieder aufregenden Sex erleben wollen. Nur müssten Männer dazu in den eigenen Gewässern fischen und das wollen sie nicht, das haben sie ja zu Hause.
Sie wollen eine attraktive, wesentlich jüngere Frau für ihren außerehelichen Spaß, aber bekommen werden sie diese nicht.
Diese Gedanken eine Traumfrau ins Bett zu kriegen wird ein Wunschtraum bleiben, denn eine hübsche, junge Frau wird sich nicht mit einem langweiligen Mann der eine Familie ernähren muss, einlassen.

Frauen sind in der Anfangszeit einer Beziehung mit dem Partner beschäftigt, dann wollen sie ein Nest, sprich eine gemeinsame Wohnung oder ein Haus bauen.
Später, wenn dieses Ziel erreicht ist, fangen sie an die Familie zu vergrößern.

In dieser Zeit, immerhin zwanzig Jahre, halten sie sich mit außerhäuslichen Sex zurück oder ihre Affären geheim.
Sie wollen das Familienleben nicht gefährden und den Vater der Kinder nicht vertreiben.
Außerdem ist Geld und Besitz vorhanden und das will sie nicht teilen. Und die Schulden sollten doch gemeinsam abgetragen werden.

Männer haben nämlich kein Verständnis für eine untreue Frau, sie suchen sich dann eine Geliebte oder sogar eine neue Ehefrau.
Diese wird finanziell verwöhnt und die Exfrau muss sich einschränken.

Ergo wird die Ehefrau nicht so dumm sein und ihre Beziehung aufs Spiel setzen. Zumindest nicht solange die Kinder finanzielle Zuwendung brauchen.

Obwohl viele sagen sie lieben ihren Partner, sind sie dennoch nicht treu:

Männer sind nicht monogam, die Evolution hat sie darauf getrimmt ihren Samen so weit wie möglich zu streuen, also müssen sie ihren Trieben folgen und mit vielen Frauen Sex haben.
Auch gibt es bei der eigenen Frau nichts mehr zu erobern oder zu entdecken und der Jäger im Manne zwingt zur Jagd nach Frauen.
Männer fühlen sich trotz einer Beziehung von anderen Frauen angezogen, aber sie verlangen dass die eigene Frau treu und ausschließlich auf sie fixiert ist, denn sie wollen kein fremdes Kind aufziehen.

Auch Frauen sind nicht monogam, denn ihre Triebe bewirken nach den besten Mann zu suchen um ihr Kind mit guten Genen auszustatten. Dann versuchen sie den besten Versorger zu finden, alles nur um den evolutionären Vorgaben gerecht zu werden.

Untreue vom Partner wird die Frau nicht zulassen weil sie fürchtet er müsste noch andere Kinder finanziell unterstützen.
Beide haben also die nahezu gleichen Beweggründe Treue zu fordern.

Die Aussage nicht monogam sein zu können weil eben die
Urinstinkte uns so beeinflussen ist eine schöne Ausrede, aber
völlig überholt.
Ein Mann der ständig treuherzig beteuert, er muss seinem Trieb
zu jagen nachgeben, will nur seine Untreue rechtfertigen.
Er vergisst dabei völlig dass er als Jäger dem Wild nachgestellt
hat und nicht der Frau. Er war auf der Jagd nach Nahrung und
nicht nach sexuellen Kontakten.

Eine Frau hat nicht gejagt, sondern Nahrung gesammelt, wie
Beeren, Wurzeln und Insekten.
Und sie behauptet nie, ihr Urtrieb zwingt sie Männer zu sammeln.

Und Sex haben wir ja nicht um ständig Kinder zu zeugen sondern
weil wir Sex schön finden.
Und Untreue begeht man, wenn man in der Partnerschaft, vor
allem in der Sexualität nicht mehr zufrieden ist.

Gibt es sexuelle Zufriedenheit in einer langen Beziehung?

In einer langjährigen Beziehung lässt die Lust nach und der Sex
wird weniger. Männer haben mehr Lust auf ihre Frau als die Frau
auf ihren Mann, weil sich mit der Zeit die Sexualität verändert.
Männer wollen Sex zur Befriedigung und zum Abbau von Stress.
Sie bekommen eine Erektion und kommen gleich zur Sache.
Dann sind sie müde und schlafen ein.

Eine Frau wird erst mit dem Feuchtwerden der Scheide erregt
und obwohl dem Mann nun das einführen seines Penis gelingt,
steigert die Frau weiter ihre Erregung. Durch die Penetration
erhöht sich die Erregung der Frau nochmals, doch der Mann hat
bereits einen Samenausstoß und sein Penis schlafft ab.
Die Frau bleibt also mit einer immer noch nicht am höchsten
Punkt angekommenen Erregung zurück.
Frauen beschweren sich dann, dass er immer nur an sich denkt
und verweigern den Beischlaf oder lassen den Sex über sich
ergehen.

Um den langweiligen oder fehlenden Sex zu entkommen suchen
sich Männer eine Geliebte.
Sie wollen wieder leidenschaftlichen Sex ohne Zurückweisung
genießen.

Frauen gehen genauso fremd wie Männer, aber nicht weil der Sex langweilig geworden ist oder nicht mehr stattfindet, sondern weil das Sexualleben frustrierend und unbefriedigend abläuft.
Und hier schließt sich der Kreis dass gleich viele Männer wie Frauen ihre Partner betrügen.
Frauen wollen wieder zärtlichen Sex wie am Anfang ihrer Beziehung.
Der neue Lover nimmt sich Zeit und bringt die Frau auf ihr höchstes Erregungslevel und beschert ihr somit einen Orgasmus und sexuelle Erfüllung.

Eigenartigerweise haben Männer und Frauen für den eigenen Partner niemals die Zeit die sie mit dem neuen Geliebten verbringen. Sie beschäftigen sich hingebungsvoll mit dem Körper eines fast Fremden, anstatt dass sie versuchen die eigene Partnerschaft sexuell wieder zu beleben.
Niemand käme auf die Idee mit dem Geliebten vor den Fernseher zu sitzen um nachher noch schnell ein Quicke zu schieben, so wie sie es mit den langjährigen Partner praktizieren.
Nein, hier wird die volle Aufmerksamkeit dem Neuen gewidmet, man ist sogar ständig am lächeln und verzeiht Fehler die man in der Beziehung nicht dulden würde.

Männer glauben tatsächlich ihre Frau würde sie nie betrügen, weil sie den Sex mit ihm ablehnt, also würde sie es doch nicht mit einem Anderen treiben!
Die eigene Frau, niemals!

Sie unterschätzen die sexuelle Kraft ihre Frau gewaltig und vor allem unterschätzen sie ihre Cleverness. Sie wird Wege und Ziele finden sich mit ihren Liebhaber ganz geheim zu treffen.
Vorgetäuschte Besuche bei der Freundin und Shoppingtouren, der Yogakurs oder der Pflichtbesuch im Altersheim bei der alten Tante die mehr als senil ist. Zu solchen Aktivitäten würde sie ihren Mann natürlich nicht zwingen und er wird sich auch nicht zwingen lassen. Also glaubt er ihr, dass sie so ihre Zeit verbringt.
Als Alibi fungiert die beste Freundin die alles bei Nachfragen ernst bestätigt, dafür sind Freunde schließlich da.

Männer haben es schwer ihre Affäre geheim zu halten, denn Frauen bemerken sofort wenn er fremdgeht. Er kleidet sich anders, verändert die Frisur oder den Bart.

Er benimmt sich eigenartig und geht zum telefonieren immer raus.
Er wirkt bedrückt und ängstlich oder benimmt sich aggressiv.
Die Frau reagiert auf seine Untreue mit verschiedenen Varianten:
Sie lässt ihm seine Eskapaden weil sie hofft dass sie vorübergehen und weil Schulden, das Haus und die Kinder da sind.
Oder sie fördert sein Tun indem sie ihm das Fremdgehen erleichtert und sich dumm stellt.
Sie hat endlich einen Grund für eine Trennung und kann ihm die Schuld zuschieben.
Und außerdem bedrängt er sie sexuell nicht mehr.
Oder sie kämpft um ihren Mann, macht sich reizvoll und unentbehrlich bis er wieder reumütig zu ihr zurückkehrt.

Auch Frauen agieren anders wenn sie einen neuen Liebesspender haben, nur fällt es den eigenen Mann nicht auf. Frauen verändern sich nämlich ständig, neue Frisur, andere Haarfarbe, neue Moderrichtung, neue Diät, also keine Veränderung die der Mann wahrnehmen kann.

Männer und Frauen die fremdgehen sind aus verschiedenen Motiven untreu:

Menschen gehen nicht fremd weil sie einen attraktiveren Partner gefunden haben, sondern weil der Sex mit dem eigenen Partner langweilig oder frustrierend empfunden wird.

Männer wollen ein wenig Abenteuer in ihr Leben bringen aber die Beziehung keinesfalls verlassen, denn die Versorgung und die Vertrautheit kann ihnen die Neue nicht bieten. Sie trennen also Liebe und Sex kurzfristig und kehren wieder heim in das gewohnte Nest.

Frauen dagegen werden von ihren Liebhaber wieder als Frau wahrgenommen und auch so behandelt.
Daher wird sich eine Frau früher oder später in ihre Affäre heftig verlieben und ihren Mann verlassen.
Ganz gleich wie ein Verhältnis beginnt und betrieben wird, mit Untreue zerstört man das Vertrauen.
Nichts ist für einen Mann erniedrigender, wenn er seine Frau die er begehrt, mit einem Anderen teilen muss.

Affären gehen selten gut aus, man hat Sex, verliebt sich und verliert das wichtigste in sein Leben, nämlich seinen Partner und damit seine Beziehung.

Polygamie und Promiskuität:

Promiskuität ist sexueller Kontakt ohne langfristige Bindung mit verschiedenen Partnern.
Polygamie ist eine Form der Vielehe oder mehrere eheähnliche Beziehungen.
Manche Paare leben solche offenen Beziehung wie Promiskuität oder Polygamie.
Die Paare lieben nicht monogam, also Sex nur mit dem eigenen Partner, sondern zeigen ein promiskes Verhalten, sie praktizieren Sex auch mit anderen.
Promiskuität wird gelegentlich durch das Aufsuchen eines Swingerclub ausgelebt.
Swinger sind Menschen die in Swingerclubs ihre Sexualität betreiben, alleine oder auch als Paar.
Da gibt es unkomplizierten Sex mit fremden Menschen, ganz ohne Verpflichtungen.
Viele Alleinstehende suchen dort sexuelle Abenteuer, aber auch Paare, weil Lustlosigkeit in ihrer Beziehung eingetreten ist.
Sie versuchen daher das Sexleben mit Hilfe von Anderen wieder prickelnd und aufregend zu gestalten.
Manche lassen sich beim Sex mit dem eigenen Partner zusehen oder sehen Anderen zu um sich wieder Lust zu holen.
Paare gehen also fremd, ohne schlechtes Gewissen und mit Unterstützung des Partners.
Er ist ja anwesend und weiß mit wem man es treibt, man ist sich also treu.
Tolles Leben, nicht?!

Nun, hier müssen sich Paare fragen, warum sie diesen Schritt der offenen Sexualität tun.
Begehrt man den Partner nicht mehr oder stellt sich beim Sex keine Befriedigung mehr ein?
Paare sollten daran denken, warum sie den eigenen Partner, den sie doch vorgeben zu lieben, einen anderen vorziehen.
Und was läuft schief in einer Partnerschaft, wenn man bevorzugt mit anderen Menschen Sex haben will?

Nun es ist die Abwechslung, man isst doch auch nicht jeden Tag Fleisch, sagen die Befürworter einer offenen Beziehung.
Ein solcher Satz ist an Dummheit nicht zu übertreffen, Essen und Sex kann man doch nicht vergleichen!
Mit Essen verletzt man die Gefühle des Partners nicht!
Wenn aber beide diese Sexualität in Ordnung finden, spricht nichts gegen ein solche Lebensform.
Ob sie damit auch wirklich zurechtkommen, ist eine andere Sache.

Der Mann sollte sich fragen ob er damit umgehen kann, wenn plötzlich ein anderer Mann auf seiner Frau liegt und sie leidenschaftlich vögelt!
Die Frau sollte überlegen ob sie es verkraftet, wenn ihr Mann diese andere Frau küsst, umarmt, sie liebkost und streichelt!

Wenn jedoch nur ein Partner Abwechslung braucht und der andere wünscht sich Treue, wird der freizügige Sex nicht funktionieren.
Schlimm wenn Einer vom Anderen verlangt, Rücksicht auf seine Triebe zu nehmen und diese mit seinem Wissen ausleben will.
„Wenn du mich liebst, lässt du mir sexuelle Freiheiten, denn meine Liebe gehört nur dir!"
Dieser Satz zeugt von Rücksichtslosigkeit und Egoismus.

Ein solcher Mensch will die Geborgenheit einer Beziehung nicht missen, aber weiterhin seine sexuellen Abenteuer ausleben. Mit Liebe hat das nichts zu tun.
Wenn man den Partner liebt, wird man von ihm nie eine solche Lebensform verlangen.
Promiskuität wird von Menschen angestrebt die sexuelle Erfüllung in der Beziehung vermissen und darum lassen sie sich ihre Wünsche nicht vom eigenen Partner befriedigen sondern von begehrenswerteren Menschen.

Um den Partner nicht zu verlieren, willigt man vielleicht in diese Multisexualität ein, glücklich wird
man dabei sicher nicht sein.
Sinnvoller wäre es, über die unerfüllten Sehnsüchte zu reden und herauszufinden, an was die gemeinsame Sexualität gescheitert ist.

Paare sollten aufrichtig und ehrlich versuchen eine Lösung zu finden, ohne Vorwürfe und Schuldzuweisung oder zumindest einen Kompromiss eingehen, mit dem beide gut leben können. Und als letzten Ausweg auch eine Trennung ansprechen und ernsthaft in Betracht ziehen.

Menschen die Promiskuität oder Polygamie anstreben sollten besser Single bleiben, den ihnen fehlt die Reife für eine innige Liebesbeziehung. Oder sie waren noch nie leidenschaftlich verliebt, zumindest nicht in den für sie passenden Menschen.

Sex und Liebe sind untrennbar miteinander verbunden, ein Dritter hat hier keinen Platz.

Doch was ist eine glückliche Beziehung?

Gegensatz oder Gleichklang:

Eine Frau wird sich von einem maskulinen Mann angezogen fühlen und umgekehrt wird ein Mann eine sehr weibliche Frau reizvoll finden. Instinktiv suchen wir nach Partnern die uns ergänzen, die etwas haben, was wir nicht besitzen. Eine introvertierte Frau wird einen Mann interessant finden der Durchsetzungsvermögen verspricht.
Hier ziehen sich Gegensätze an.

Doch in einer längeren Beziehung können Gegensätze die Partnerschaft gefährden.
Wenn sie Wert auf Pünktlichkeit legt und er ständig zu spät kommt, wenn er sparsam ist und sie kaufsüchtig, wenn er die Berge liebt und sie das Wasser. Er ist gerne in Gesellschaft, sie liebt die Zweisamkeit. Er macht täglich Sport, sie verabscheut Bewegung.

Was den Partner am Anfang so reizvoll machte wird im Laufe der Zeit zu einer Herausforderung,
Streit ist vorprogrammiert.

Daher sollten Paare im Gleichklang leben:

Ein feinfühliger Mensch wird einen sensiblen Partner bevorzugen, ein rationaler Mann wird sich mit einer verstandsorientierten Frau besser verstehen.
Wenn zwei das gleiche lieben, verstehen sie auch den Partner besser, sie haben mehr Gemeinsamkeiten und daher eine harmonischere Beziehung.
Bei Unstimmigkeiten werden sie einen gemeinsamen Nenner finden können.

Eine glückliche Beziehung zu führen ist jeden Tag ein Kraftakt:

Glückliche Paare suchen immer wieder die Nähe des Partners. Durch die Intimität der körperlichen Liebe und der Berührungen wird das Kuschelhormon Oxytocin erzeugt und das lässt Paare mehr zusammenhalten.

Sie fühlen sich mit dem Partner enger verbunden und angenommen.

Sie pflegen einen höflichen Umgang, lassen dem Partner Freiräume und sind aufrichtig und ehrlich zueinander.
Sie behandeln sich wertschätzend und respektieren die Privatsphäre den Anderen.
Sie akzeptieren die Meinung des Anderen, tolerieren kleine Fehler und begegnen sich auf Augenhöhe.

Glückliche Paare verbringen zusammen die Freizeit, unterstützen sich im Alltag und meistern alle Höhen und Tiefen gemeinsam. Sie nehmen den Partner nie als selbstverständlich hin, arbeiten an der Beziehung und zeigen ihm ihre Liebe, indem sie ihm etwas Gutes tun.

In einer guten Partnerschaft sind sich Paare nicht zu erhaben, sich bei Streit zu entschuldigen, nachzugeben und zu verzeihen.

Frauen wollen Liebe, Männer wollen Sex!?

Mann und Frau gehen also mit unterschiedlicher Vorstellung in eine Partnerschaft und daher geht die Beziehung in die Brüche. Oder doch nicht?

Männer gehen doch keine Beziehung oder Ehe ein, nur damit sie regelmäßig Sex bekommen!

Sex ist einfacher und billiger zu haben, ohne die Verpflichtung einer Partnerschaft und die finanzielle Verantwortung für eine Familie.
Nein, sie sehnen sich nach Liebe und einen Partner der zu ihnen gehört und mit dem sie ihr Leben teilen möchten. Liebe ist für Männer genauso wichtig wie Sex.

Umgekehrt ist für Frauen Sex mindestens so wichtig wie Liebe. Woher kommt dann diese Aussage, dass Frauen Liebe wollen und Männer Sex?

Geschichte Nummer 1:

Ich habe mich geduscht und ziehe meine schönsten Dessous an, darüber Jeans und Shirt, zünde einige Kerzen an und warte auf meinen Freund.

Heute möchte ich mit ihm schlafen, und ihm nicht nur meine Liebe sondern auch meinen Körper schenken.

Ich bin aufgeregt, sehe immer wieder zum Fenster hinaus ob er schon kommt. Endlich sehe ich das Auto vorfahren, mein Herz pocht vor Freude, ein prüfender Blick in den Spiegel.
Ich hoffe er liebt mich so wie ich ihn.
Endlich klingelt es, ich öffne die Tür und umarme ihn.

Er küsst mich, ich führe ihn ins Wohnzimmer und biete ihm etwas zu trinken an, dann setzen wir uns auf die Couch im Wohnzimmer. Ich liebe ihn so sehr, ich bin nervös weil es heute passieren soll.
Bin ich auch nackt für ihn attraktiv und wird er mich nach dem Sex noch lieben?

Wir küssen uns sanft, er berührt mich und streichelt meine Brüste. Langsam schiebt er das Shirt nach oben und küsst meinen Nabel. Seine Hände gleiten nach oben, er fasst mir unter den BH und massiert die Brüste. Ich werde feucht.
Er küsst mich immer noch, vorsichtig lege ich meine Hand auf seine Hüften, streichle seine Lenden und spüre wie der Penis unter seiner Hose hart ist.
Wahnsinn, wie erregt ich bin, ich hoffe er geht dann weiter als bisher.
Er knöpft meine Hose auf, ich streife sie hinunter, er hat sein Shirt ausgezogen, ich bin total verliebt in ihn.

Er küsst mich nahe bei meinem Höschen, ich halte es kaum mehr aus, endlich mit ihm zu schlafen.
Er zieht mir das Höschen aus und ich fasse auf seinen Penis und schiebe seine Jeans nach unten.

Ich mag alles an ihm, sein Körper, sein Küsse, sein Charakter, wie lange habe ich so einen Mann gesucht.

Er drängt sich zwischen meine Beine und dringt in mich ein, ich umarme ihn und presse mich gegen seinen Körper. Er dringt tiefer ein und vögelt mich in einem schnellen Rhythmus.
Ich fühle die Wärme, rieche seine Haut und schmecke seine Lippen, ich schließe die Augen und gebe mich ganz hin. Er fühlt sich gut an in mir, ich wünschte er würde mir immer so nah sein wie jetzt.
Ich will ihn nie mehr verlieren, ich bemerke wie er mich zum Höhepunkt treibt.
Plötzlich kommt er, stöhnend sackt er über mir zusammen und bleibt auf mir liegen.
Er flüstert, ob es für gut für mich war, ich nicke obwohl ich nicht zum Orgasmus gekommen bin.
Trotzdem war es schön mit ihm, der Sex war gut, ich war erregt und ich liebe ihn. Beim nächsten Mal bekomme ich sicher einen Orgasmus, er war ja ganz aufgeregt und ist daher schnell gekommen.
Ich werde ihn immer lieben.
Er ist mein Traummann.

Geschichte Nummer 2:

Sie hat mich in ihre Wohnung eingeladen, ich denke heute bekomme ich mehr von ihr.
Kerzen brennen, wenigstens läuft keine Musik, aber offensichtlich will sie Sex. Ich gehe ihr gleich an die Wäsche, bevor sie es sich anders überlegt und reden will. Wow, sie macht mich scharf mit ihrer Reizwäsche. Warum hat sie mich nicht gleich damit empfangen? Sie greift mir auf den Penis, jetzt kann ich gleich zur Sache kommen.
Es war gut und ich habe sie befriedigt, ich mag sie, mit ihr kann ich mir vorstellen die Beziehung zu vertiefen.

Vergleich von Geschichte 1 und 2:

Die beiden Geschichten sind völlig ident, nur zuerst wurde sie von der Frau erzählt, dann vom Mann.
Die Frau legt mehr Gefühl in das Erlebte, der Mann fixiert sich auf den Sex.
Trotzdem empfinden beide das gleiche. Sie lieben sich und wollen Sex.

Beziehung aus Liebe oder Vernunft?

Früher, ganz früher, war der Mann der Dominierende.
Er war größer und vor allem stärker und daher nahm er sich die Frau die er wollte.
Sie hatte also gar keine Chance ihm die Stirn zu bieten.
Im Tierreich ist es noch immer so, der Stärkere ist der Boss.

Später als die Menschen bereits zivilisiert waren, musste die Frau den Mann immer noch untertan sein, weil ihr Bildung verwehrt wurde und damit verbunden, auch eigenes Geld.
Frauen waren gezwungen sich einen Mann zu suchen und mit ihm eine Familie zu gründen um versorgt zu sein, andere Alternativen waren das Verbleiben im Elternhaus oder der Gang ins Kloster.

Liebe spielte damals kaum eine Rolle, es wurde Wert darauf gelegt, dass man nicht unter seinen Stand heiratete und meistens wählten die Eltern den zukünftigen Ehemann aus.
Für Frauen war die Ehe die einzige Möglichkeit einer finanziellen Versorgung, oft ehelichten junge, sehr hübsche Frauen, besonders vermögenden Männer.
Sie war versorgt und er hob sein Ansehen durch ihre Schönheit.
Auch eine Schwangerschaft mündete in eine Ehe, sie behielt ihre Ehre und er bekam einen Erben.

Später bekamen auch Frauen Zugang zur Bildung, sie hatten jedoch aufgrund der meist hohen Kinderanzahl kaum Möglichkeiten einen Beruf auszuüben.
Der Mann war immer noch der Patriarch weil er das Geld nach Hause brachte und wer Geld hat schafft an und das war eben der Mann.

Erst die Pille brachte in den sechziger Jahren die Revolution!
Eine Frau konnte sich entscheiden, wie viele Kinder sie gebären wollte oder ob sie der Kinderlosigkeit den Vorzug gab. Sie konnte aus Liebe einen Mann heiraten und kam der Gleichberechtigung endlich etwas näher.

Auch heute noch gibt es Ehen die nicht aus Zuneigung zustande kamen, sondern aus Vernunft geschlossen wurden.

Paare würden einer solchen Verbindung mehr Bedeutung geben wenn sie wüssten welch langer Leidensweg ohne Liebe, Verständnis und Zärtlichkeiten auf sie zukommt.
Man sollte einen Menschen gut kennen, bevor man eine Beziehung vor dem Standesamt eingeht und sich geborgen fühlen wenn man in den Armen des Partners liegt.
Sinnvoll wäre es, dies bereits vor der Hochzeit herauszufinden.
Grundsätzlich sind Übungspartnerschaften, das heißt Beziehungen und Sex vor der Heirat, sehr zu begrüßen, denn sie festigen die jungen Menschen und lassen sie mit Erfahrungen und Reife in die Ehe gehen.

Beziehung als Zweckgemeinschaft:

Für eine Partnerschaft zwischen zwei Menschen ist Begehren und Sex enorm wichtig.
Eine Beziehung ohne Sex ist keine Beziehung, sondern eine Zweckgemeinschaft.
Der Mann versorgt die Frau finanziell, verrichtet schwere, körperliche Arbeiten oder erledigt technische Reparaturen im Haus.

Er leistete seinen Beitrag indem er Dinge tut die sie nicht kann oder bei der sie Hilfe benötigt.
Im Gegensatz dazu führt sie den Haushalt. Sie macht Dinge die er nicht oder schlechter beherrscht als sie.
Viele sehen den Partner als ihr Versorgungssystem und wollen diese Sicherheit nicht aufs Spiel setzen. Sie vermeiden daher Meinungsverschiedenheiten und streiten nie.
Leider beruhen viele Partnerschaften auf reine Zweckehen.
Wenn die Lust nachlässt, führt man eine Beziehung mit dem Verstand.
Paare leben weiter zusammen wegen der Kinder oder der Angst vor der Einsamkeit. Das gemeinsame Haus, das fortgeschrittene Alter oder in den meisten Fällen die Gewohnheit lassen die Paare nicht auseinandergehen.
Solche Zweckehen sieht man ständig, Mann und Frau fahren getrennt auf Urlaub, haben verschiedene Hobbys und sogar einen anderen Freundeskreis.

Sie flüchten voneinander weil sie sich nichts mehr zu sagen haben und nennen sich gegenseitig Vati und Mutti.

Diese Kosenamen deuten darauf hin, dass die Lust zwischen den beiden gestorben ist.
Mutti kocht für Vati, das Essen wird zum Sexersatz und ist der einzige Genuss den beide noch miteinander haben.
Die Trennung wird nicht vollzogen weil die Bequemlichkeit wichtiger ist, Paare reden nicht mehr miteinander und gehen sich aus dem Weg.
Der Schein einer funktionierenden Beziehung wird vor Verwandten und Freunden aufrecht gehalten.
Sie bleiben zusammen obwohl sie am Leben des anderen nicht mehr teilnehmen.
Aber die Beziehung in die Länge ziehen obwohl schon lange keine Partnerschaft mehr besteht, macht alles nur noch schlimmer und Unzufriedenheit ist vorprogrammiert.

Beziehung aus Mitleid:

„Ich will dich lieben, achten und ehren alle Tage meines Lebens, in guten und in schlechten Zeiten, in Gesundheit und Krankheit und bis der Tod uns scheidet.
Dieses Eheversprechen wird immer noch von beiden Partnern bestätigt wenn sie vor dem Traualtar stehen. Das ist löblich, denn damit bezeugen wir unsere Verpflichtungen gegenüber den Partner den wir lieben.

Menschen die schwere physische oder psychische Krankheiten erleiden, sind auf die Unterstützung des Partners angewiesen.
Mitleid ist die treibende Kraft bei diesen Menschen zu bleiben und ihm die nötige Hilfe zu geben.
Auch wenn in dieser Phase Mitleid vor der Liebe steht, ist es dennoch die Liebe die uns ausharren lässt und oft ist es dieser steinige Weg der die Beziehung wachsen und stark werden lässt.
Paare die schwierige Probleme gemeinsam meisterten, sind sich näher als Paare bei denen nur schöne Momente überwiegen.

Aber bei folgenden Krankheiten die Beziehung aus Mitleid weiterführen, ist der falsche Weg:
Wenn ein Mann Alkoholiker ist, wird ihn die Frau wegen seiner ständigen Betrunkenheit verachten, doch aus Mitleid will sie ihm helfen aus diesem Teufelskreis auszubrechen.

Das funktioniert nicht. Das wichtigste für alkoholkranke Menschen ist trinken, solange bis sie wieder den Pegel erreichen den sie benötigen, immer und immer wieder.
Der Alkoholiker zerstört nicht nur sein eigenes Leben, sondern auch das Leben des Partners.
Absolute Priorität hat der Alkohol, nicht der Partner. Hier muss man die Sache auf den Punkt bringen:
Entweder Entzug oder Trennung!
Wenn sich der Alkoholiker gegen den Partner entscheidet sollte man gehen und nicht aus Mitleid in der Beziehung bleiben.

Genauso verhält es sich bei einem spielsüchtigen Menschen, er wird die gesamte Familie an den finanziellen Abgrund bringen, wenn man nicht die Notbremse zieht und ihn verlässt.

Egoistentrip oder Kompromiss:

Ich gebe doch nicht für eine Frau meine Freiheit auf!
Ich werde sicher nie für einen Mann kochen oder waschen!

Eine Beziehung mit solchen Aussagen einzugehen, kann nicht funktionieren.
Das Wort Beziehung sagt schon aus das ich zu meinem Partner einen Bezug habe.
Ich beziehe mich auf die Zweisamkeit mit ihm. Zweisamkeit nicht Alleingang!
Paare die nicht zusammen wohnen, werden auch ihre Freiheit uneingeschränkt behalten können und jeder wird sich auch seinen Haushalt selbst organisieren.

Irgendwann kommt aber der Zeitpunkt, eine gemeinsame Zukunft anzustreben.
Zusammenziehen, heiraten und vielleicht sogar eine Familie gründen.
Miteinander das Leben meistern und gemeinsam alt werden.
Und bereits bei diesem Entschluss gibt es ein gravierendes Problem. Ein finanzielles Problem!
Wer bezahlt die Miete und alle anderen Kosten, wer verdient mehr und wie wird das Geld verwendet und aufgeteilt.
Immer wieder sieht man Paare die bei einem Abendessen im Restaurant oder beim wöchentlichen Einkauf öffentlich zu streiten anfangen weil sich jeder weigert die Rechnung zu begleichen.

Mann und Frau versuchen sich aus der Partnerschaft Vorteile zu schaffen, sie weichen nicht von ihrer Linie ab und sind auf einem Egoistentrip.
Eine Partnerschaft ohne Kompromisse zu führen ist aber nicht möglich.

Männer werden wie kleine Paschas erzogen und von der Mutter verhätschelt.
Das wollen die Herren natürlich auch von ihrer Partnerin.
Die Frau verweigert ihm, seine Mutter zu ersetzen und seinen Ansprüchen nachzugeben.

Auch Frauen werden mitunter von ihren Vater verwöhnt und können daher gar nicht glauben dass der Partner sie nicht auch wie eine Prinzessin behandelt.
Manche Frauen werden von ihren Eltern streng diszipliniert.
Daher widersetzen sich Frauen gegen eine Bevormundung des Partners und lassen nicht zu, wieder in eine solche Diktatur wie sie im Elternhaus erlebt haben, zu gelangen.

Menschen lernen bald, dass lieb sein nichts bringt, denn man wird dabei nur ausgenützt. Weiterkommen wird man nur mit Ellbogentaktik, diese Mentalität wird überall angewendet und führt leider auch zum Erfolg.
Bereits in der Schule und dann im Job ist es Usus auf Durchschlagskraft zu setzen und gegen Kollegen zu intrigieren.
Soziales Verhalten wird dadurch zunehmend verlernt.
Nur ein Partner ist kein Rivale!
Er ist ein Vertrauter und den sollte man Liebe entgegenbringen und nicht gegen ihn arbeiten.
Rücksichtloses Verhalten in einer Beziehung ist der Untergang einer Partnerschaft.
Egoismus gehört nicht in eine Partnerschaft, Kompromisse aber schon.

Aber verliert man nicht durch diese Kompromissbereitschaft seine Authentizität?
Nein, wenn beide im gleichem Ausmaß nachgeben und füreinander Verständnis aufbringen behält jeder seine Persönlichkeit.
Eine erfüllende Beziehung ist es doch wert manchmal seine Ansprüche zurückzuschrauben zugunsten des Partners.

Nur muss sich die Nachgiebigkeit immer die Waage halten!

Beide sind also gefordert dass die Beziehung funktioniert.

Warum will der Mensch eine Beziehung?

Jeder sehnt sich nach einem Partner dem man vertrauen kann und der zu einem hält, in guten wie in schlechten Zeiten.

Vor allem ist der Mensch nicht für das Alleinsein geschaffen, er fühlt sich wohler und zufriedener wenn ein Partner an seiner Seite ist und mit ihm den Lebensweg gemeinsam geht.

Eine Beziehung beschert uns alles was im Leben glücklich macht.
Es gibt unserem Dasein einen Sinn und macht uns reich an Gefühlen.

Nachsatz:

**Nichts auf der Welt ist schöner als einen Menschen zu finden der uns versteht und das Leben mit uns teilt.
Und dem wir das Wichtigste bedeuten!**

Bist du nicht willig, so brauch ich Gewalt

Dieses Zitat aus Goethes Ballade Erlkönig, wird von manchen Männern in die Tat umgesetzt.

Männer werden zu Männern erzogen mit allen typischen Attributen wie Dominanz, Egoismus, Aggressivität und Herrschsucht.

Ein Mann soll unabhängig und rational sein, Gefühle werden zugunsten des Verstandes verdrängt.
Der Mann fühlt sich der Frau überlegen obwohl er nicht fähig ist seine Empfindungen zu zeigen.
Emotionen wie Sensibilität und Feinfühligkeit werden unterdrückt, weil sie nicht männlich sind.

Er verbiegt sich um seiner Männerwelt gerecht zu werden, versteckt sich hinter einer Maske der Unnahbarkeit und doch glaubt er, Herr der Lage zu sein.
Auf Männer macht er mit dieser Verstellung Eindruck und mit Durchsetzungsvermögen wird er möglicherweise im Beruf weiterkommen aber zu einer Partnerschaft gehören Gefühle.

Der Mensch ist das intelligenteste Wesen auf der Erde und der Einzige der sprechen kann.
Menschen kommunizieren mit ihrer Stimme, verständigen sich und drücken dadurch ihre Emotionen aus.
Für alles was man mitteilen will, benützt man seine Sprache.

Leider gibt es immer noch Menschen die unfähig sind, Probleme mit konstruktiven Gesprächen aus der Welt zu schaffen, weil sie nie gelernt haben sich sprachlich zu verständigen.
Sie wehren und verteidigen sich daher mit unfairen Mitteln, benützen Schimpfwörter und verhalten sich respektlos.

Meistens müssen sich Männer jedoch nicht verteidigen, sondern versuchen einfach nur mit abwertenden Methoden ihren Willen durchzusetzen.
Ein unreifer Mann ist nicht fähig Liebe zu erwidern und sucht sich eine Partnerin die sich unterwirft und willig seine Ansprüche erfüllt.
Sie leben in einer Symbiose zwischen Opfer und Täter.

Eine noch schlimmere Entgleisung als jemanden verbal abzuwerten und zu demütigen, ist Gewalt.
Meist sind es Männer die ihre Fäuste sprechen lassen.
Männer mit Muskeln aber ohne Hirn.
Körperliche Züchtigung ist ein Ausdruck männlicher Unbeherrschtheit und geringen Selbstwertgefühl.
Und unentschuldbar!
Ein Mann der seine Frau körperlich angreift oder mit Drohungen gefügig macht, gehört ins Gefängnis!

Bereits bei der ersten Entgleisung, verbal oder körperlich, muss die Frau, den Mann in seine Schranken weisen, notfalls mit rechtlichen Konsequenzen drohen und bei weiteren Übergriffen die Beziehung lösen.

Immer noch gibt es Frauen, die in einer Beziehung mit einem gewalttätigen Mann aus verschiedenen Gründen ausharren:

Angst:

Eine Frau ist meist kleiner, leichter und schwächer als ein Mann, daher ist er ihr körperlich überlegen.
Wenn sie sich wehrt, wird sie gegen seine Körperkraft unterlegen sein, sie hat Angst dass er ihr noch mehr Schmerzen zufügt, wenn sie sich nicht fügt. Also erduldet sie die Gewalt.
Sie hat Angst ihn zu verlassen, weil sie um ihr Leben bangt.

Abhängigkeit:

Manche Frauen sind immer noch von ihren Männern finanziell abhängig. Meist sind kleine Kinder da und die Frau würde ohne die Geldzuwendung des Mannes verarmen.
Schlägt der Mann seine Partnerin, wird er auch vor den Kindern nicht Halt machen.
Die Frau ist verpflichtet die Kinder vor Gewalt zu schützen!

Heutzutage gibt es kostenlose Rechtsberatungen und finanzielle Hilfe vom Staat falls der Mann bei einer Trennung finanzielle Unterstützung verweigert.

Schuldzuweisung:

Wenn ein Mann zuschlägt schiebt er seine Gewaltanwendung auf sein überschäumendes Temperament dass er nicht immer unter Kontrolle hat.
Er macht ihr Vorwürfe, weil sie ihn reizte, seine Eifersucht schürte und ihn provozierte.
Und gibt ihr die Schuld für seine Gewalttätigkeit weil sie sich ihm gegenüber falsch verhalten hat und er darauf wie ein Mann reagieren muss.
Meistens verhält sich die Frau aber so wie er will und trotzdem findet er immer wieder Verfehlungen die er kritisiert.

Wenn die Frau weint, kann es sein das er sich entschuldigt und verspricht sie nie wieder zu züchtigen.
Und er wird es als Ausrutscher verniedlichen, ein Ausrutscher darf nicht passieren, nicht einmal wenn sie ihn herausfordert.
Niemals!

Zuckerbrot und Peitsche:

Manchmal sind gewalttätige Männer nur im Bett zärtlich.
Die Frau versucht dann mit ihm zu reden und er zeigt dann auch Mitgefühl weil er sie verletzt hat.
Doch sobald der Sex vorbei ist, hält er die Frau wieder auf Distanz.

Er verlangt Gehorsam und sie unterwirft sich damit er sie wieder liebt.
Frauen glauben wenn sie besonders nachgiebig und willig sind seinen Forderungen nachzukommen wird er sie besser behandeln und mehr lieben.
Das Gegenteil ist der Fall, Männer nutzen Frauen aus, solange die Frau es zulässt.

Ein aggressiver Mann der zu Gewalt neigt, wird sich durch ihre Unterwürfigkeit nicht stoppen lassen, denn er findet in seiner Partnerin ein leichtes Opfer.
Manchmal leisten Frauen Widerstand, tolerieren sein Verhalten nicht mehr und wollen sich trennen.
Der Mann beginnt dann mit Selbstmord zu drohen oder erpresst sie, indem er die Kinder mit ins Spiel bringt.

Eine Frau sollte seine Beleidigungen keinenfalls hinnehmen.
Nur ein entschiedenes Entgegentreten und aufzeigen von
Grenzen wird den Mann davon abhalten Gewalt anzuwenden.
Nur wenn die Frau von Anfang an Respekt einfordert und sich
nicht abwerten oder gar schlagen lässt, wird der Mann keine
Möglichkeit sehen es zu versuchen.
Einem Mann steht es nicht zu über seine Frau zu richten und zu
bestimmen, auch wenn er sich nachher entschuldigt und es
bereut.

Erziehung:

Viele Frauen, besonders die ältere Generation ist so erzogen
dass der Mann der Herr im Hause ist. Ihm gilt es nicht zu
widersprechen und seine Autorität anzuerkennen.

Väter nahmen sich das Recht die Frau zu unterdrücken und die
Kinder zu züchtigen, weil die Prügelstrafe in der damaligen Zeit
erlaubt war.
Manche Frauen verlieben sich in ein Abbild ihres Vaters und der
zukünftige Ehemann übernimmt fließend diese schlagende Rolle.

Kein Mensch wird es dulden sich von einem anderen Menschen
erniedrigen zu lassen, wenn er die Möglichkeit hat aufzubegehren
und entgegenzuwirken.
Mann und Frau sind völlig gleichberechtigt!
Aber manche Frauen nehmen es hin, weil es immer schon so
war.

Gewohnheit:

Eine Frau die Schläge akzeptiert, kennt kein liebevolles Umgehen
miteinander. Meist wurde sie bereits von den Eltern geschlagen
und findet es normal.
Gewalt gehörte zur Tagesordnung mit Gewalt wurde regiert und
bestimmt.

Ein Mann der einer Frau mit Gewalt seinen Willen aufdrängt, der
sie durch Schläge unterwirft, ist kein Mann sondern ein Mensch
ohne Anstand und Moral.

Gespräche wurden nie geführt, nicht der Klügste in der Familie stellte die Regeln auf, sondern der Mann der am härtesten zuschlagen kann.
Und das trifft meist wesentlich Schwächere wie Frauen und Kinder.
Mit Fäusten zu sprechen ist ein Armutszeugnis für den Mann, weil er zu dumm ist seine Probleme mit Gesprächen zu lösen.

Sex und Gewalt:

Brutale Männer machen auch vor der Sexualität nicht Halt.
Sie untermauern ihre Machtposition indem sie sich die Frau durch Drohungen gefügig machen, sie zwingen die Frau zum Sex und vergewaltigen sie.

Sex ist ein Akt der Zuneigung und des Vertrauens, eine Frau mit körperlichen Angriffen dazu zu nötigen, ist ein Ausdruck von Hilflosigkeit und Angst vor emotionaler Nähe.

Nie würde eine Frau, einen Mann zum Sex zwingen denn für sie ist Sex mit Liebe eng verbunden. Wenn der Mann nicht will wird sie das akzeptieren.
Ein Streit kann noch so ausufern, eine Frau wird ihre Überlegenheit nie im sexuellen Bereich mit Gewalt geltend machen, auch wenn sie stärker ist, würde sie ihn nie zwingen mit ihr zu schlafen.
Sie wird ihn verbal erniedrigen, indem sie ihm seinen kleinen Penis vorwirft oder sein Versagen im Bett.
Wenn sie Gewalt anwenden würde, könnte er nie eine Erektion bekommen, es sei denn er steht auf Schläge.

Liebe:

Am Anfang einer Beziehung ist der Mann nicht gewaltbereit. Er sucht sich bewusst eine Frau die kein Selbstvertrauen hat. Er gaukelt ihr Liebe vor, ist zärtlich und aufmerksam und bekommt auch von der Frau Liebe.
Und dann ändert er plötzlich sein Verhalten.
Er beschimpft, beleidigt und demütigt seine Frau. Sie ist über seine Verhaltensänderung irritiert und sucht den Fehler bei sich.
Sie wehrt sich nicht sondern lässt es zu dass er sie abwertet.

Obwohl Frauen gedemütigt werden, lieben sie ihre Männer und verteidigen vor Anderen sein Verhalten.
Kein normal denkender Mensch hat dafür Verständnis dass eine Frau bei einem gewalttätigen Mann ausharrt und ihn trotz schlechter Behandlung immer noch liebt. Das ist doch krank!
Frauen die bedienungslos lieben haben kein Selbstwertgefühl.
Sie glauben sie sind nicht liebenswert und halten sich für dumm, hässlich und nicht würdig dass der Mann sie liebt.

Daher versuchen sie verzweifelt dem Mann zu gefallen, ihn zu bedienen und nach seinem Willen zu leben.
Frauen werten den Mann auf und sich selbst ab, und bestätigen dadurch sein Tun sie zu erniedrigen.

Der Mann bekommt durch ihre Opferrolle noch mehr Stärke und beginnt sie körperlich anzugreifen.
Die Frau widersetzt sich nicht, denn sie denkt er liebt sie nicht mehr, so wie am Beginn ihrer Beziehung.
Die Frau überlässt dem Mann ihre Persönlichkeit und den letzten Rest ihres Selbstbewusstseins.
Sie behauptet ihn doch zu lieben.
Nein, es ist nicht Liebe die sie empfindet!
Es ist die Sehnsucht nach Anerkennung und Akzeptanz! Es ist das unbändige Bedürfnis geliebt zu werden!
Doch genau das Gegenteil ist der Fall, die Frau wird nicht geliebt sondern herabgewürdigt und verletzt!
Ein Mann der schlägt, liebt nicht!
Und eine Frau die bei ihm bleibt, weil sie sich Liebe erhofft wird enttäuscht werden. Der Mann denkt nicht daran sein Verhalten zu ändern, weil er ein Opfer gefunden hat dass er beherrschen kann.

Lieblose Kindheit:

Es gibt Menschen die immer die Schuld für das Scheitern einer Beziehung beim Partner suchen.
Besonders Männer die ihre Partnerin und die Kinder schlecht behandeln, begründen ihr Tun mit ihrer verkorksten Kindheit und die brutale Erziehung die sie erdulden mussten.

Das eigene Versagen und das Nichtgelingen eine glückliche Partnerschaft zu führen wird mit der Herabsetzung der Familie kompensiert.
Ausgerechnet die Misshandlungen die ein Mann in seiner Kindheit gefürchtet hat und die ihn wütend gemacht haben, mutet er später seiner Partnerin zu.
Männer schlagen zu weil der Vater es auch tat, sie begehen Seitensprünge, weil der Vater ebenfalls fremd ging und sie zeigen keine Gefühle weil sie damit gegenüber dem Vater angreifbar waren.
Männer gebärden sich wie der eigene Vater obwohl sie darunter gelitten haben.

Sie entwickeln sich nicht weiter, bleiben abweisend und können daher nicht verletzt werden.
Die kindlichen Gefühle der Hilfslosigkeit und der Angst werden in die Beziehung verlagert und leben dort weiter.

Zum Erwachsenwerden gehört dazu, dass man mit seiner schlimmen Kindheit abschließt, sein Leben selbst in die Hand nimmt und Vertrauen aufbaut.
Auch auf die Gefahr hin wieder enttäuscht zu werden, denn eine selbstsichere Persönlichkeit kann mit Kritik und Widererwartungen umgehen.

Frauen glauben sie sind als Mensch wertlos weil der Mann ihr Selbstbild ständig negativ beurteilt.
Sie lassen es zu Opfer zu sein und akzeptieren die schlechte Behandlung, anstatt sich zu wehren.
Frauen deren Mütter bereits unterdrückt wurden, übernehmen dieses Muster und suchen sich einen Partner der dem Vater ähnelt. Sie lernen nichts aus der Misere der Eltern.
Sie müssen sich fragen wie stelle ich mir eine Beziehung vor und was will ich nicht. Und nicht was muss ich tun damit er zufrieden ist.
Die Balance in einer Partnerschaft ist geben und nehmen im gleichem Ausmaß.
Sämtliche Entgleisungen von verbaler und körperlicher Gewalt der eigenen Kindheit anzulasten ist äußerst unreif.
Solche Menschen sind nicht gewillt ihr Verhalten zu ändern.

Fazit:

Die treibende Kraft für Gewalttätigkeit ist immer Angst!
Angst die Herrschaft und die Kontrolle zu verlieren, Angst von Frau und Familie verlassen zu werden, Angst vor ihrer Unfähigkeit Gespräche zu führen und Angst ihr Leben ohne Hilfe meistern zu müssen.
Daher kompensieren sie ihre Ängste mit Gewalt.

Wenn ein Mensch zuschlägt, braucht er Hilfe.
Wenn er selbst nicht fähig ist seine Gewaltausbrüche in den Griff zu bekommen, sollte er einen Psychiater aufsuchen und seine kindlichen Aggressionen einer Therapie unterziehen.

Frauen die geschlagen werden sollten sich Hilfe suchen um die Kraft und die Energie zu haben diesen Mann für immer zu verlassen.

Auch wenn ein Mann männlich bleiben soll und eine Frau weiblich, in ihrem Selbstwert sind beide völlig gleich.

Nachsatz:

Männlichkeit über Gewalt zu definieren ist Unreife, Angst und Dummheit!

Kommunikation ist reden, zuhören und verstehen

Immer wieder hört man, dass sich Männer und Frauen nicht verstehen. Er sagt ich verstehe meine Frau nicht, sie sagt, er hört mir ja nicht zu!

Wenn eine Frau redet, dann redet sie solange bis sie alles erzählt hat und sie spricht über unwichtige Dinge unglaublich emotionsvoll und detailreich.

Männer versuchen gar nicht den Redefluss der Frau zu stoppen, denn sie wissen nicht wie das geht.
Also hören sie geduldig zu, obwohl sie der Frau nicht folgen können, weil sie mit den vielen Informationen überfordert sind. Daher sind Männer mit den Gedanken woanders und haben nachher keine Ahnung was sie erzählt hat.

Erst wenn eine Frau endlich mit ihrer Geschichte fertig ist, fragt sie den Partner wie sein Tag so war.
Er hält sich kurz und sachlich:
„Mein Freund Werner ist gestorben."
Die Frau ist schockiert und will wissen an was er verstorben ist, wo es passiert ist, wer ihn gefunden hat, wann das Begräbnis ist und das sie sich etwas Schwarzes kaufen muss.
Nachdem er ihr erklärt hat, dass sein Freund Werner bereits vor sechs Monaten verstorben ist, verliert sie die Fassung:
„Warum erfahre ich das erst jetzt?!"
Er gibt sich reumütig:
„Ich bin jetzt erst zu Wort gekommen!"

Diese Geschichte ist etwas übertrieben dargestellt, aber wenn Frauen auch einmal die Männer reden lassen und ihnen ohne Unterbrechung zuhören würden, könnten sie auch mehr über ihre Partner erfahren.

Nur über das gemeinsame Leben zu reden fällt einem Mann schwer, er spricht über seine Partnerschaft selten bis gar nicht. Männer sind den Frauen verbal unterlegen, daher weichen sie einem Gespräch über Beziehungsprobleme möglichst aus, die Frau würde ihn glatt an die Wand reden und dieser Niederlage will sich der Mann nicht aussetzen.

Aber Frauen wollen reden weil sie so versuchen, ihre Gefühle mitzuteilen.

Wenn die Frau anfängt ein für ihn unangenehmes Thema zu erörtern, greift der Mann zu einer oder mehreren, bewährten Strategien die er sich zurechtgelegt hat.
Genetisch bedingt muss ein Mann bei Gefahr kämpfen oder flüchten.
Gekämpft wurde früher gegen wilde Tiere oder männliche Feinde, jedoch nie gegen eine Frau.

In der heutigen Zeit führt ein Mann die schwierigsten Auseinandersetzungen aber vorwiegend mit seiner Frau.
Daher äußern sich diese Eigenschaften anders, statt zu kämpfen geht der Mann auf Konfrontation und streitet mit der Frau. Das frühere Flüchten vor dem Feind wird zum Verlassen der Wohnung oder zum Rückzug durch Schweigen.

Sprachlosigkeit:

Schweigen ist Flucht vor Gefühlen.
Männer haben oft massive Probleme über ihre Beziehung zu sprechen und daher auch über ihre Emotionen. Und Emotionen sind nun mal weiblich.

Männer glauben Gefühle zu zeigen und darüber zu reden bedeutet Schwäche zu offenbaren. Und sie denken, wenn eine Frau ihre Gefühle kennt sind sie ihr ausgeliefert, also schweigen sie.
Für eine Frau ist es aber einfacher einen Mann zu verstehen wenn er Emotionen zeigt und somit seine Empfindungen zum Ausdruck bringt.

Manche Männer schweigen weil ihnen die eigene Frau so gleichgültig geworden ist, dass sie sich nicht mit ihr auseinandersetzen wollen.
Sprachlosigkeit in der Beziehung ist auch Sprachlosigkeit beim Sex.
Über Sex sollten Paare miteinander sprechen und sich ihre Vorlieben mitteilen, aber wenn in der Beziehung bereits geschwiegen wird ist es beim Sex noch schwieriger seine Sprache wieder zu finden.

Lautstarke Argumente:

In fast jeder Beziehung kommt es zu lauten Meinungsverschiedenheiten.
Man erhebt seine Stimme und verschafft sich so besser Gehör und wenn der Streit beigelegt ist, wird auch die Stimme wieder leiser.

Der Mann versucht die Frau zum Schweigen zu bringen indem er laut wird und zu schreien beginnt.
Damit hofft er den Streit zu unterbrechen, doch er erreicht damit selten sein Ziel.
Denn Frauen reagieren unterschiedlich und völlig unberechenbar auf sein plötzliches Aufbegehren.

Manche Frauen schreien zurück, laut, schrill und vor allem ausdauernder.
Er denkt an die Nachbarn die alles mithören und mäßigt sich sofort.
Wenn er das nicht tut, schreit die Frau weiter bis er aufgibt und still ist.

Einige Frauen sehen den Mann mit großen Kulleraugen an, weil er sich so laut artikuliert und mit den Händen herumfuchtelt. Sie lassen ihn schreien bis er wieder aufhört und behandeln ihn dann wie ein Baby. Sie sprechen beruhigend auf ihn ein und erklären ihm sein unangemessenes Verhalten als wäre er ein Kleinkind.

Und dann gibt es noch Frauen die über sein lautes Organ schallend lachen.
Sie nehmen den Mann einfach nicht ernst.
Natürlich drosselt er seine Lautstärke sofort weil ihm diese Reaktion unverständlich ist. Die Frau wechselt blitzschnell vom Lachen in Ernsthaftigkeit und nennt ihn hysterisch.
Oder sie wirft ihm vor, dass er sich nicht im Griff hat.

Manchmal wollen Frauen ihre Männer damit bestrafen indem sie auf seine Vorwürfe keine Antwort geben.
Leider geht dieser Schuss meist nach hinten los.
Er wird das genießen, wenn sie still ist, für ihn ist das eine Erleichterung.

Wenn Frauen provokativ das Gespräch suchen, dass ist für Männer eine Strafe!
Das schlimmste was eine Frau ihrem Mann antun kann ist extrem langes Schweigen.
Wenn Männer schreien, verlieren Frauen plötzlich ihre Stimme.
Sie schweigen! Und wie!
Nein, nicht kurzfristig, auch nicht Stunden, sie schweigen tagelang.

Nicht einmal auf lebenswichtige Fragen, wie zum Beispiel: „Was gibt es heute zu essen?" bekommt der Mann eine Antwort.
Sie schweigt und er ist am verhungern.

Wenn er dann noch seine Socken nicht findet oder nicht weiß welche Krawatte zu dem gestreiften Hemd passt oder noch furchtbarer, wenn er keine Ahnung hat wo sie das Auto geparkt hat, dann ist er endlich bereit klein beizugeben.
Er entschuldigt sich bei seiner Frau für sein grausames Verhalten und bittet sie doch wieder mit ihm zu sprechen.
Und dann bereut er noch aufrichtig seine lauten Worte nur um sie zum Reden zu überreden.
Sie wird seine Entschuldigungen huldigen und ihm verzeihen.
Und er hat keine Ahnung mehr worüber sie sich gezankt haben, weil die Streitsache schon ewig lange zurück liegt.

Leider gibt es auch Männer die Frauen nicht nur anschreien, sondern auch bedrohen.
Frauen werden dadurch eingeschüchtert und wagen nicht mehr die Diskussion weiterzuführen.
Sie geben nach, weil sie sich vor ihm ängstigen.
Der Mann verbucht diese Reaktion als seinen Erfolg.
Die Gespräche verstummen zunehmend weil er sich nur mit Aggressionen ausdrücken kann und sie um ihr Leben bangt.

Flucht:

Wenn das Schweigen oder Schreien nicht den gewünschten Erfolg bringt, nämlich das die Frau ihr Nörgeln einstellt, ergreift er die Flucht.

Männer flüchten bevorzugt zu Freunden oder in die Stammkneipe.

Die Freunde erzählen die tollsten Geschichten und in der Kneipe ist immer was los.
Oder er geht spazieren, in der Natur kann er abschalten und die Ruhe genießen.
Manchmal betreibt er Sport bis sich die Anspannung löst.

Bei der Flucht vergessen Männer den Streit und kehren gutgelaunt ins traute Heim zurück, ohne mit der Hartnäckigkeit der Frau zu rechnen.

Denn Flucht hat sich nie bewährt, Frauen haben ein unglaubliches Gedächtnis und sie vergessen nie und nichts und schon gar nicht den Streit.
Sobald er nach Hause kommt, knüpfen sie an den letzten gesprochenen Satz an und nehmen erbarmungslos das Gespräch wieder auf.

Frauen sind durchaus fähig jede Streitsache blitzschnell auf den Punkt zu bringen, sachlich und emotionslos. Aber sie tun es nicht!
Sie sind in ihrer sozialen Kompetenz so gepolt dass sie Gespräche regelrecht zerpflücken und analysieren, sie wollen Kompromisse schließen oder sich durchsetzen.
Der Mann kann diesen Redeschwall nichts entgegensetzen, weil er nicht versteht was sie eigentlich von ihm will.
Nachfragen würde er natürlich nicht, sie würde seine Intelligenz in Frage stellen, daher vermeidet er eine Diskussion mit seiner Frau.

Frauen sollten klipp und klar sagen was sie wollen, ansonsten stehen beide wieder am Anfang des Gesprächs dass sich immer mehr einzementiert weil er nicht reden will und sie nicht nachgibt.

Um dies besser zu verstehen, ein typisches Gespräch, zwischen Mann und Frau, er sieht fern, sie bügelt:

Sie: Musst du denn immer fernsehen?
Er will sich einer Diskussion entziehen und schweigt.
Sie: Hörst du mir überhaupt zu?
Er: Was?
Sie: Ich sagte, musst du denn immer fernsehen?
Er: Mach ich doch gar nicht!
Sie: Aber du siehst doch gerade Autofahren.
Er: Das ist nicht Autofahren, das ist Motorsport!
Sie: Hast du mich verstanden?
Er schweigt.
Sie: Ich sagte, musst du denn immer fernsehen?
Er: Was soll ich denn sonst tun?
Sie: Du könntest mir helfen.
Er schweigt.
Sie: Du könntest staubsaugen.
Er: Jetzt?
Sie: Du tust ja nie was, nie hilfst du mir!
Er: Ich würde mir das gerne ansehen!
Sie: Wenn ich immer das machen würde was mir Spaß macht, hättest du keine frisch gebügelten Hemden!
Er steht genervt auf, und holt sich eine Glas Wein.
Sie: Du trinkst zu viel.
Er: Ich trinke doch nur ein Glas Wein pro Woche.
Sie: Alkohol ist ungesund, ich meine es doch nur gut mit dir!
Sie bügelt weiter, er starrt verbissen auf den Fernseher.
Sie: Was soll ich heute kochen?
Er: Ganz egal.
Sie: Kannst du nicht einmal sagen was du willst, immer ist dir alles egal, ich muss mir ständig Gedanken machen was ich kochen soll!
Er: Fleisch, vielleicht wieder mal Zunge?
Sie: Du weißt genau das ich Vegetarierin bin! Fällt dir nichts besseres ein?
Er: Ich mag dieses Grünzeug nicht.
Sie: Jetzt beschwerst du dich auch noch über meine Kochkünste, am Anfang unserer Ehe warst du begeistert von meiner guten Küche.
Er: Da gab es auch noch Fleisch.

Sie: Aber man soll sich gesund ernähren, ich will doch nur dein Bestes!
Er: Ich brauche aber Proteine.
Sie: In Sojabohnen stecken auch Proteine! Und Du weiß genau das ich nichts esse was Augen hat!
Er: Eine Zunge hat keine Augen.
Sie: Jetzt machst du dich auch noch über mich lustig!
Er steht auf, zieht sich an und verkündet lautstark dass er zu Gerhard fernsehen geht.
Sie: Du kannst gleich bei Gerhard übernachten!
Er: So redest du nicht mit mir! So nicht, meine Liebe!

Er schlägt die Tür mit einem lauten Knall zu, sie greift wütend zum Telefonhörer und ruft ihre allerbeste Freundin an und beschwert sich achtundvierzig Minuten lang über ihren Mann. Zwei Tage später wissen sämtliche Freunde dass er ständig betrunken vor dem Fernseher sitzt, seiner Frau nicht im Haushalt hilft und nur noch Fleisch essen will.

Was die Frau sagen wollte?

Er sollte ihr bei der Hausarbeit helfen und beim Essen auf sie Rücksicht nehmen, außerdem fühlt sie sich zu wenig beachtet und wünscht sich mehr Aufmerksamkeit.
Er verstand nur, dass sie ihn kritisiert und ihn nicht mehr fernsehen lässt.

Gefühle und Kommunikation:

Frauen führen Gespräche damit der Mann an ihrem Leben teilhaben kann, sie erzählen ihre Erlebnisse und hoffen er gibt auch von seinen Leben, außerhalb der Partnerschaft, etwas preis.
Männer vergessen viel was sie den ganzen Tag getan haben oder finden es einfach nicht notwendig darüber zu reden.
Sie beschränken daher die Kommunikation auf das, was sie für wichtig halten oder sie schweigen weil sich an diesen Tag nichts Besonderes zugetragen hat.
Aber für eine Frau ist alles, wirklich alles von Bedeutung.

Frauen verstehen diese Sprachlosigkeit oder im besten Fall die minimalen Gespräche einfach nicht.
Sie glauben, er will nicht, dass sie von ihm und seinen Leben zu viel erfährt.
Daher werden Frauen unzufrieden, fangen zu nörgeln an und untermauern ihre Vorwürfen, nur damit er endlich Stellung zu ihrer Meinung bezieht.
Wenn das nicht zum Ziel führt beginnen Frauen mit untergriffiger Konfrontation.
Sie versuchen so den Mann aus der Reserve zu locken, damit er endlich seine Gefühle offenbart.

Männer reagieren unterschiedlich auf einen schwelenden Streit, der von der Frau immer mehr entfacht wird, je weniger er seine Gefühle zeigt.
Er denkt gar nicht daran seine männliche Linie zu verlassen, denn ein Mann ist hart im Nehmen und ein feinfühliger Mann wird als unmännlich dargestellt.
Ein Mann sollte sachlich argumentieren und nicht so wie eine Frau emotionsvoll.

Männer können nicht über ihre wahren Gefühle sprechen weil sie es nie erlernt haben.
Und wie sollen sie ihrer Partnerin ihre Empfindungen zeigen, wenn sie ihre Gefühle ständig unterdrücken und nicht ausleben durften.
Frauen wünschen sich dass Männer ihre Verletzungen mitteilen und ihre Kränkungen eingestehen und so ihre Gefühle offenbaren.

Keine Frau würde sie dafür als unmännlich verurteilen.
Sie verachten Männer für ihre Unentschlossenheit, wenn er sich ständig abwartend verhält und wichtige Entscheidungen ihr überlässt.

Aber sie verachten ihn nicht für seine Gefühle!

Doch wie ist es einem Mann möglich Gefühle zu vermitteln und gleichzeitig männlich zu bleiben?

Der Softie wird sich beklagen wie gemein sie zu ihm ist, aber er wird ihr nie Paroli bieten. Er zieht sich in seinen Schmerz zurück, schmollt und agiert damit absolut weiblich.
Diese Reaktion will keine Frau!

Der Macho fängt an zu schreien, beleidigt sie und verlangt seine Ruhe.
Im schlimmsten Fall schlägt er zu weil er vermeiden will, ihr unterlegen zu sein.
Auch diese Reaktion will keine Frau!

Manche Männer schweigen und lassen die Vorwürfe über sich ergehen bis sich die Frau beruhigt hat und endlich still ist. Sie sitzen den beginnenden Streit einfach aus oder flüchten.
Auch diese Reaktion will die Frau nicht!

Ein Mann der ihren Nörgeleien und Vorwürfen entschieden entgegentritt und dabei auch seine Gefühle auf den Punkt bringt, dass wollen die Frauen.
Wie das funktioniert?

Er:
„Ich verbiete dir dass du so mit mir redest und mich dabei in meinen Gefühlen verletzt.
Ich werde deine Beleidigungen nicht dulden und ich lasse mich nicht von dir abwertend behandeln.
Ich bin bereit mit dir ein konstruktives Gespräch zu führen, ohne Vorwürfe und Kritik. Ich akzeptiere deine Meinung, verlange jedoch dass auch du meine Meinung anerkennst!"
Das wollen die Frauen!
Einen gefühlvollen, aber durchsetzungsstarken Mann!

Erziehung und Kampfmethoden:

Buben und Mädchen werden immer noch unterschiedlich erzogen.
Jungen dürfen ihre Aggressionen durch Raufereien oder lauten Gebrüll abbauen.
Sie stehen von Anfang an in einem Wettbewerb mit anderen Jungen und wollen gewinnen.

Mädchen lernen von klein auf sich zu benehmen, nachzugeben, nicht zu schreien und schon gar nicht zu kämpfen.
Dadurch können sie besser kommunizieren und Kompromisse schließen.
Doch um die ebenfalls vorhandenen Aggressionen zu entladen, suchen sie sich ein anderes Ventil die angestaute Wut abzubauen.
Sie schimpfen über andere, betreiben Mobbing, streiten Verfehlungen ab, geben Geheimnisse die ihnen anvertraut wurden preis und bleiben dabei aber meist im Hintergrund.

Die Gesellschaft lehrt also Jungen und Mädchen unterschiedliche Konfliktlösungen.

Männer würden, wenn es erlaubt wäre, eher körperlich angreifen so wie sie es in der Kindheit spielerisch praktiziert haben.
Aber in der Jugend müssen sie lernen ihre Aggressionen in andere Bahnen umzuleiten und abzubauen. Zum Beispiel durch Bewegung, bei sportlichen Wettkämpfen oder bei körperlicher Arbeit.
Auch der Sex und die Liebe lösen den Stress.

Dumme Männer bleiben in der Pubertät hängen und benehmen sich wie Halbstarke, indem sie versuchen Probleme mit Drohungen oder körperlicher Gewalt zu lösen.
Nicht selten legen sie damit den Grundstein für eine kriminelle Laufbahn.

Schwache Männer übernehmen die Kampfmethoden der Frauen, weil sie gezwungen werden sich im Leben anzupassen.
Sie reagieren aus Hilflosigkeit passiv, bekommen ein biegsames Rückgrat und weichen damit Schwierigkeiten aus.

Sie agieren aus dem Hinterhalt mit Falschheit, dabei verlieren sie zunehmend ihre Männlichkeit.
Intelligente Männer die sich in der Teenagerzeit weiterentwickeln und die Gesprächskultur erlernen, setzen sich mit Kommunikationsstärke durch und werden zu gereiften Persönlichkeiten.

Auch Frauen müssen lernen, dass die Erziehung zur Nachgiebigkeit kaum Nutzen bringt.
Im Berufsleben werden sie bei Beförderungen übergangen und in der Partnerschaft ausgenützt und als nicht gleichwertig angesehen.
Frauen sollten ihre erlernte Nachgiebigkeit und die typisch weibliche Stutenbissigkeit ablegen, ihre Meinung vertreten und Lösungen einfordern.

Bei Tränen der Verzweiflung geht der Mann in die Knie:

Wenn Gespräche in Anschuldigungen und Kritik münden, beginnen manche Frauen zu weinen.
Sie heulen weil der Mann ihre Gefühle verletzt hat, weil sie emotional leiden und weil er so grausam ist.
Grundsätzlich weinen Frauen aber weil sie ihre Beziehung in Gefahr sehen.

Ein Mann will einen sauberen Kampf, er sucht die Herausforderung und will den Sieg. Aber er will nicht reden, nicht wenn die Frau es will.
Es gibt nichts Schlimmeres wenn er von der Arbeit nach Hause kommt und sie beginnt mit diesem Satz: „Wir müssen reden!"
Hier zuckt jeder Mann zusammen, hier geht es um die Beziehung und um Vorwürfe.
Solchen Gesprächen weicht der Mann wenn möglich aus denn er weiß, dass die Frau eine Veränderung will.
Meist Veränderungen die nur ihn betreffen.

Daher geht er sofort in Verteidigung und verliert dabei seine Contenance die Frau ist über soviel Herzlosigkeit am Boden zerstört.
Wie kannst du mir das nur antun, warum bist du nur so gemein? Fragt sich die Frau und weint.
Der Mann kann keine Tränen sehen und lenkt sofort ein, er versteht nicht warum sie ihm nicht Konter gibt, sondern sofort zu heulen beginnt.
Ein Mann will bei einem Streit die Oberhand behalten.
Aber für eine Frau ist ein Streit ein Riss in der Beziehung und ein Vertrauensbruch, wenn er sie noch lieben würde er nicht so mit ihr reden, denkt sie.

Einige Frauen benützen Tränen auch dazu, um den Mann in die Knie zu zwingen und um ihre Bedürfnisse durchzusetzen. Ein Mann wird weich und manipulierbar wenn er eine Frau weinen sieht, er kommt sich vor wie ein Monster und das nutzen Frauen aus.
Dann verspricht er ihr alles und hält sich aber später nicht daran, weil er schließlich unter dem großen Druck ihrer Tränen Kompromisse eingegangen ist.

Freund oder Feind?

Frauen haben die Angewohnheit ihre Gefühle verbal
auszudrücken ohne an die Konsequenzen zu denken.
„Mein Vorgesetzter ist ein präpotenter Arschkriecher und buckelt
nach oben (was auch stimmt!),
meine Kollegen sind unkollegial (auch richtig!) und die Nachbarin
geht fremd (Tatsache!).

Frauen tragen ihre Gefühle auf der Zunge wie folgender Fall:
„Ich bin von Sandra enttäuscht, sie ist falsch und eine blöde,
fette Kuh!"

Nächsten Tag kommt der Mann müde von der Arbeit nach Hause
und traut seinen Augen nicht!
Im Wohnzimmer sitzen Sandra und seine Ehefrau in bester
Laune und tratschen und lachen wie die dicksten Freundinnen.
Der Mann versteht die Frauenwelt nicht und seine Angetraute am
wenigsten.
Gestern war Sandra noch eine falsche Kuh, oder so ähnlich,
heute ist sie wieder herzlich willkommen.
Und seine Frau sagt, das war doch alles nicht so gemeint!
Wie war es dann gemeint?

Männer können ihre Frauen nicht verstehen, weil Freund und
Feind wechseln je nach Lust und Laune.
Daher schweigt der Mann, weil er nicht sicher ist ob seine
Meinung in den Augen seiner Frau morgen auch noch richtig ist.

Am Anfang war das Verständnis:

Mann und Frau lernen sich gerade kennen, sie hängt an seinen Lippen und hört gespannt zu was dieser tolle Mann von sich erzählt.
Er will alles, wirklich alles, über sie erfahren und ist der beste Zuhörer den sie je hatte.
Vor dem Sex, nach dem Sex, ja sogar dazwischen wird geredet und diskutiert.

Mit der Zeit und wenn er genug gehört hat und ihre Lebensgeschichte auswendig kennt, wird er aufhören zu reden, den es gibt nichts mehr zu sagen.
Durch die Zweisamkeit erlebt er ihr Leben aus erster Hand.
Also warum immer noch darüber sprechen.

Die Frau sieht das völlig anders, Gespräche sind ihr immer noch sehr wichtig und müssen unbedingt geführt werden.
Also versucht sie, so wie früher vor dem Sex, nach dem Sex und wenn möglich auch dazwischen mit ihm zu reden.
Meist ohne den gewünschten Erfolg.

Er will nicht schon wieder über die dumme Kollegin oder über Onkel Erwins Weinflaschenetikettensammlung sprechen, die sicher der Neffe zweiten Grades erben wird.
Noch dazu sind vergilbte Weinflaschenetiketten keine Wertanlage.
Außerdem hat er keine Lust über die schlechten Noten vom Sohnemann ein Statement abzugeben.
Er will seine Ruhe und vor allem Entspannung, besonders beim Sex.
Sie will keinen Sex, sondern reden.
Also gibt es nur Sex wenn er auch redet, besonders über Themen die sie interessieren, über Leute die ihr auf die Nerven gehen und über seine geringe Hilfe im Alltag.

Im Laufe der Zeit in dieser aufreibenden Partnerschaft, wird der Sex immer weniger und die Gespräche verstummen.

Aber halt, die Gespräche verstummen nur in der Beziehung, außerhalb leben sie munter weiter:

Mein Partner ist ein Trottel:

„Wissen sie, mein Mann ist ein Trottel, unfähig, ein Schwein, ein Idiot, hat zwei linke Hände,
ist ungeschickt, schlampig, pervers, im Bett ein Versager und außerdem dumm!"

Toll, wenn der Partner wie ein grenzdebiles Individuum dargestellt wird.

Frauen sollten ihre Beziehungsgeschichten nicht mit anderen Frauen teilen!
Eine Partnerschaft ist ein intimer Bereich zwischen zwei Menschen und nicht für Andere bestimmt.
Wenn die Männer wüssten wie die eigenen Frauen über sie schimpfen und die Probleme zwischen ihnen breittreten und offenbaren, würden sie sich nicht mehr auf die Straße trauen.
Aus Scham!

Aber auch Männer schimpfen über ihre Frauen:
„Ach meine Frau ist einfach hilflos ohne mich, sie braucht mich, ohne mich wäre sie nichts wert, sie ist nicht sehr intelligent, ich bin ihr bei weitem in allen überlegen!"

Der Mann muss ja sehr unsicher sein wenn er seine Frau abwertet, um sich damit auf ein Podest zu stellen.

Werden Menschen durch die Liebe dumm?

Menschen die ihren eigenen Partner gering wertschätzen und über ihn vernichtend urteilen haben mit Sicherheit keinen Verstand.
Sie würden doch nicht mit einem so minder bemittelten Menschen zusammen sein wenn sie selbst unfehlbar wären.

Hier stellt sich die Frage ob der Partner mit dem man eine Beziehung führt immer schon so dumm war oder ob er erst durch die Partnerschaft plötzlich sein Hirn verloren hat.
Wie groß muss der Hass auf den Partner sein, um über ihn so zu sprechen.
Es ist peinlich wenn man den Partner herabwürdigt und sich ebenso, denn kein normaler Mensch würde eine Beziehung mit einem Trottel führen.

Oder hat man hat keinen Besseren verdient als den, den man hat.
Gleich und gleich gesellt sich doch gerne, nicht wahr?

Fazit:

Männer und Frauen haben gleich starke Gefühle, jedoch scheuen sich Männer diese zuzulassen.
Gefühle werden anders ausgelebt.
Beim Sport sieht man Begeisterung und tiefe Emotionen zwischen Männern. Sie fallen sich in die Arme, klopfen sich auf die Schultern und weinen sogar miteinander wenn sie ein Spiel verloren haben.
Nur der Partnerin werden Gefühle nicht gezeigt.

Bereits in der Kindheit wird der Grundstein für das Verstecken der Gefühle gelegt. Ein Junge der weint oder sonstige vermeintliche Schwächen zeigt, wird von anderen Jungen schnell als Weichei oder schwul abgestempelt.
Also behält er seine Gefühle für sich!

Mädchen die weinen oder traurig sind, werden von anderen Mädchen getröstet oder bemitleidet.
Sie fühlen sich dann in ihren Gefühlen bestätigt und erhalten sogar positive Zustimmung.
Also lassen sie Gefühle zu!

Vergessen sie das Sprichwort:
„Reden ist Silber, schweigen ist Gold" viel besser wäre „Reden ist Silber, verstehen ist Gold".

Mann und Frau sollten miteinander reden, kurz und auf den Punkt gebracht und sich ihre Gefühle mitteilen!

Nachsatz:

Tragen sie Unstimmigkeiten nicht nach außen und schimpfen sie nicht über den Partner, sie lieben sich doch, oder?!

Getrennte Wege

Eine Trennung wird meist von einem Partner angestrebt, selten dass sich ein Paar zur gleichen Zeit einig ist, auseinander zu gehen. Einer bricht aus der Beziehung aus und verlässt den Anderen, das ist immer schmerzhaft, besonders wenn der Verlassene die Trennung nicht will.

Eine Trennung kommt nicht plötzlich oder unvorhergesehen, sie hat sich schon lange abgezeichnet und fängt schleichend an.

Trennungsgründe:

Mangelnde Kommunikationsfähigkeit, Kritik, unterschiedliche Interessen, keine Unterstützung im Alltag, Vertrauensbruch, Unzufriedenheit, Untreue.

Streitvermeidung:

Bis zum endgültigen Bruch einer Partnerschaft werden Streitigkeiten aus dem Weg gegangen, man will seine Beziehung nicht aufs Spiel setzen und versucht daher Meinungsverschiedenheiten nicht auszudiskutieren.
Paare entfremden sich weil keine Gesprächskultur vorhanden ist.

Durch Streit lernt man jedoch den Partner und seine Bedürfnisse besser kennen.
Aus Wut und negativen Gefühlen kehrt man sein Inneres nach Außen und sagt die Wahrheit über die nicht erfüllende Partnerschaft.

Aufrichtigkeit ist nicht erwünscht, weil sie verletzt.
Lieber behalten manche die Unzufriedenheit über den Partner für sich und somit summiert sich jede Kleinigkeit irgendwann zum unlösbaren Dilemma.
Ein Streit mündet nicht in eine Lösung, sondern in heftige Kritik.
Ohne Aussicht auf Einigung, weil sich die angestauten Probleme massiv vermehrt haben.

Ein Partner explodiert dann plötzlich aus Wut und wirft den Anderen sämtliche Verfehlungen der letzten Zeit oder der letzten Jahre vor.

Manche trennen sich, da sie ohne den Partner eine Last weniger haben.

Männer reichen die Scheidung ein um ihre Freiheit wieder zu erlangen und um so zu leben, wie sie es für richtig halten.
Ohne Verpflichtungen und ohne Vorschriften.

Frauen verzichten auf einen Mann der mehr Mühe macht anstatt sie zu unterstützen.
Achtzig Prozent der Scheidungen werden von Frauen eingereicht, meist im Alter zwischen 40 und 55 Jahren.
Weil die Frau es satt hat sich ständig nach dem Mann zu richten und ihn zu bedienen.

Die fehlende Hilfe im Alltag, die Lieblosigkeit des Mannes und in der Folge auch die fehlenden Zärtlichkeiten lassen Frauen aus einer Partnerschaft ausbrechen.
Weil der Mann nie gelernt hat die Frau respektvoll zu behandeln und die Frau nie gelernt hat, dies von ihm einzufordern.
Ein Mann ändert sich nicht, nur weil sie darauf besteht, er ändert sich erst, wenn die Frau ihn verlässt.
Erst dann wird er der Frau Wertschätzung entgegenbringen, meist ist es aber bereits zu spät und er verliert seine Partnerin.

Gegensätze:

Trennungen erfolgen meist, weil Paare sich jede noch so geringe Kleinigkeit vorwerfen. Sie streiten auf tiefstem Niveau und behandeln sich gegenseitig abschätzend.

Zwei Menschen lernen sich kennen und von Anfang an ist ihre Einstellung zum Leben sehr unterschiedlich.
Sie haben kaum etwas gemeinsam und trotzdem beginnen sie eine Beziehung.
Die Gegensätze werden im Laufe der Zeit immer größer und doch gehen sie eine Ehe mit diesem ungleichen Partner ein.
Meist ist die Frau kompromissbereiter, aber sie geht mit dem festen Vorsatz in die Ehe, ihren Mann zu ändern.
Sobald die Familie vergrößert wird, verändert sich das Zusammenleben.
Wegen der Kinder wird die Beziehung trotz der Unterschiede weitergeführt.

Der Mann lebt gut mit der Nachgiebigkeit seiner Frau und führt ein Leben wie es ihm gefällt und ohne Rücksicht auf die Familie.
Und dann wenn die Kinder größer werden und die elterliche Wohnung verlassen, kommen die Gegensätze wieder stärker zum Vorschein.

Die Frau hat vergeblich versucht ihren Partner zu ändern und nörgelt frustriert an ihm herum.
Er hat sich nicht verändert und versteht ihre Unzufriedenheit nicht.
Die beiden werden immer mehr streiten und sich gegenseitig verbal verletzen.
Weil sie es nicht geschafft hat aus ihm den Mann zu machen den sie wollte und er keinen Grund sieht ihren Ansprüchen gerecht zu werden.

Er wird sich eine Frau suchen die ihn so akzeptiert wie er ist.
Und sie wird versuchen den nächsten Mann zu ändern.

Jeder sollte seinen Partner sorgfältig prüfen, ob eine Beziehung nicht doch unglücklich enden wird weil die Gegensätze zu groß sind.
Einen Menschen zu ändern funktioniert nämlich nicht.
Entweder toleriert man die Makel und akzeptiert seine Fehler oder man lässt die Bekanntschaft nicht zu einer Beziehung werden.
Dies erspart eine frustrierende Partnerschaft, eine unglückliche Ehe und den Kindern den Verlust eines Elternteils.

Meist sind es Jahre, die man mit einem ungeliebten Partner verbringt und man blickt mit Hassgefühlen auf die scheinbar verlorene Zeit seines Lebens zurück.

Gleichgültigkeit:

Für Frauen ist ein Eheleben nebeneinander, statt ein Leben miteinander, auf Dauer unerträglich.
Eine Frau trennt sich, weil sie einen Mann will, der ihr Aufmerksamkeit und Zuwendung schenkt und nicht Einen der sie gleichgültig behandelt und nicht beachtet.

Sie braucht Nähe und Geborgenheit. Und Sex!

Aber nicht mehr mit diesen Mann.
Für eine Frau reicht es nicht, nur finanzielle Versorgung zu erhalten.
Sie will geliebt werden!

Die Frau versucht mit dem Partner über die unbefriedigende Beziehung zu reden, meist ohne Erfolg.
Wenn die Frau ein Gespräch suchte, hat der Mann fluchtartig das Haus verlassen, sich in Schweigen gehüllt, oder mit Aggressivität auf die Frau eingewirkt bevor sich ein Gespräch zum Streit entwickelte.
Der Mann unterband also den aufkeimenden Streit und zwang die Frau zu Harmonie.

Sie löst die Beziehung auf oder reicht die Scheidung ein.
Ein Mann ist meist völlig überrascht, wenn die Frau das Leben nicht mehr mit ihm teilen will.
„Wir haben doch nie gestritten!" hört man von den Männern. Das stimmt!
„Wir haben doch in Harmonie gelebt!" ist das zweite Statement von Männern. Auch richtig!
„Sie hatte es doch gut bei mir!" Genau!
Eine Frau trennt sich nicht weil der Mann sie nicht gut versorgt, sondern weil sie neben ihm seelisch verhungert.

Wenn die Liebe der Gleichgültigkeit Platz gemacht hat akzeptieren Frauen Seitensprünge von Männern, sie begrüßen es sogar, wenn er seine sexuelle Befriedigung anderswo sucht und sie in Ruhe lässt.

Sie bleiben, damit der finanzielle Rückhalt der Kinder nicht in Gefahr ist und warten nur noch den passenden Moment ab um den Absprung in die Freiheit ohne ihren Mann zu schaffen.

Männer bleiben aus Bequemlichkeit auch in einer unglücklichen Beziehung und haben einige Strategien eine unzufriedene Partnerschaft erträglich zu gestalten.
Falls der Sex dürftig ist, wird er eben woanders praktiziert, andere Defizite gleichen sie aus, indem sie Hobbys nachgehen und abends lange in der Firma bleiben, nur um ihrer Frau nicht über den Weg zu laufen.

Sie arrangieren sich einfach mit ihrem Leben und machen das Beste daraus, ohne Rücksicht auf die Partnerin, und wundern sich, wenn die Frau plötzlich von Trennung spricht.

Arbeitsfrust:

Am Anfang einer Beziehung ist eine Frau für den Mann die begehrenswerte Geliebte die ihm soviel Lust bereitet.
Spätestens bei der Gründung einer Familie und manchmal bereits beim Zusammenziehen ändert sich seine Einstellung zu ihr.
Jetzt ist sie plötzlich Arbeitstier, sie macht den Haushalt, kümmert sich um die gemeinsamen Kinder und geht auch noch zur Arbeit.

Für eine Frau ist der Mann entweder lustvolles Spielzeug oder Versorger.
Der Beginn einer Partnerschaft ist von leidenschaftlichen Sex geprägt, der Mann wird mit Zärtlichkeiten und Liebe überschüttet.
Im Laufe der Zeit wird der Mann zum Ernährer degradiert, die Kinder brauchen Nahrung, Kleidung und sonstige finanzielle Zuwendungen.
Die Frau hat einen Job mit dem sie aber meist keine Familie vollständig unterstützen kann, dazu benötigt sie den Mann.

Die Frau beschwert sich über seine Müdigkeit und die schwindende Aktivität.
Für Unternehmungen und Sex fehlt ihm einfach die Kraft. Der Mann hat keine Zeit mehr, ihr genügend Aufmerksamkeit zu schenken.

Natürlich spielt Geld im Leben eine große Rolle aber Geld kann eine glückliche Beziehung und ein erfüllendes Sexualleben nicht ersetzen.
Und doch sind es die Frauen die ihre Männer dazu treiben ihre beruflichen Qualifikationen zu erhöhen um der Familie mehr bieten zu können
Paare sind mehr auf Wohlstand, Aufstieg und Erfolg fokussiert, anstatt die Energie in Partnerschaft und Sex zu investieren.

Zunehmend beruflich frustrierte Männer und unzufriedene Frauen sind die Folge.

Es gebe mit Sicherheit weniger Trennungen wenn sich die Frau zwischen Beruf und Kinder entscheiden könnte.
Viele Frauen würden gerne zu Hause bleiben solange die Kinder noch nicht schulpflichtig sind, und erst danach wieder ins Berufsleben einsteigen.
Sie wäre ausgeglichener, nicht ständig müde und vor allem wieder weiblicher.
Nur müsste der Mann gebührend bezahlt werden um die Familie erhalten zu können.
Heutzutage drängt die Wirtschaft nach immer mehr Flexibilität bei immer schlechterer Bezahlung, die Frau ist gezwungen berufstätig zu sein.

Ein gut verdienender Mann darf seine finanzielle Macht nicht zur Unterdrückung der Frau benützen sondern muss sie gleichberechtigt behandeln.
Solange Männer die Gleichstellung nicht umsetzen, werden Frauen verstärkt auf den Arbeitsmarkt drängen um vom Partner unabhängig zu sein.

Manche Frauen gehen gerne zur Arbeit weil sie ihren Job lieben und dadurch einen Gegenpol zur Familie haben. Sie wollen ihre Berufstätigkeit nicht missen weil sie darin Erfüllung finden.
Die Folge ist berufliche Überforderung, Erschöpfung und zunehmende Aggressivität zwischen Paaren weil die Frau sich im Alltag nicht unterstützt fühlt.
Sie wünscht sich vom Mann die gleiche Arbeitsleistung für die Familie die sie selbst beisteuert.
Aber eine unbezahlte Arbeit zu verrichten ist für einen Mann mit altem Rollenbild eine Zumutung.
Daher verweigert er die Mithilfe im Haushalt und ist dann schockiert wenn die Frau ihn verlässt.
Eine gute Beziehung lebt von positiven Gefühlen.
Im Job wird vor allem Rationalität und Beherrschung der Emotionen verlangt.
Diesen unterschiedlichen Anforderungen gerecht zu werden ist eine tägliche Herausforderung für Mann und Frau.
Warum lassen sich Menschen in eine konsumorientierte Gesellschaft pressen wo das höchste Gut materieller Wohlstand ist und nicht das Glück auf Zweisamkeit?
Kein Mensch wird glücklich darüber sein über Menschen zu herrschen.

Glück entsteht aus Gefühlen der Liebe und nicht aus Macht.

Erst wenn die Bezahlung im Berufsleben für alle Menschen völlig gleich ist, kann sich jedes Paar entscheiden wer den Beruf oder die Familie managt.
Aber solange die Frau ihr Recht auf Gleichheit nicht einfordert wird sich nichts ändern.

Zeitmangel:

Um der Arbeitswelt gerecht zu werden, wird neben dem Job, der Beziehung und der Familie auch Sport betrieben um gesund und fit zu bleiben.

Um die geforderten Aktivitäten alle zu bewältigen wird das Privatleben reduziert.
Familien zerbrechen und Beziehungen scheitern weil die ganze Kraft für den Job und die zu erhaltende Gesundheit aufgewendet werden muss.
Es bleibt keine Zeit und vor allem keine Energie mehr für die Partnerschaft.
Für Freude am Leben, Spaß am Sex, erholsame Ruhepausen und eine beglückende Freizeitgestaltung ist keine Zeit mehr vorhanden.

Zeit im Urlaub ist ein Gradmesser für die Liebe und die Leidenschaft, man ist entspannt, gut gelaunt und ausgeschlafen.
Besonders im Urlaub merken Paare aber unausweichlich wie viel Liebe und Lust noch vorhanden ist. Es herrscht Schweigen zwischen den Paaren weil sie nebeneinander und nicht miteinander gelebt haben. Sie sind sich fremd geworden, weil sie sich keine Zeit füreinander genommen haben.
Scheidungen und Trennungen häufen sich nach dem Urlaub, man ist an den Punkt angekommen wo keinen Gemeinsamkeiten mehr vorhanden sind.

Männer leiden still:

Männer leiden unter einer Trennung wesentlich mehr als Frauen.

Frauen haben innigere soziale Kontakte zu anderen Menschen, bauen sich nach einer Scheidung einen größeren Freundeskreis auf und finden schneller Anschluss.
Sie sprechen über ihre gescheiterte Beziehung und lassen Gefühle zu.

Männern fällt es schwerer über Gefühle zu sprechen, Emotionen wurden, wenn überhaupt, nur der eigenen Frau offenbart.
Sie haben selten gelernt Gefühle zuzulassen und auszudrücken, weinen nicht und verstecken sich hinter einer Maske der Selbstbeherrschung.

Männer reden nicht über den Trennungsschmerz, schon gar nicht mit anderen Männern, sie wollen sich mit ihrem Liebeskummer nicht aufdrängen und versuchen ihn alleine zu bewältigen, manchmal mit gravierenden Folgen:
Sie fangen zu trinken an, verlieren ihren Job und stürzen immer mehr ab. Manchmal schaffen sie es alleine nicht mehr ihr Leben in den Griff zu bekommen
Von Männern erwartet sich ein Mann keine fürsorgliche Unterstützung und er bekommt sie auch nicht.

Ein Mann sucht sich daher schnell wieder Ersatz für seine Exfrau, er sucht Geborgenheit und Verständnis.
Sex würde er nach einer Trennung schnell bekommen, etwa bei Prostituierten. Sex kann man sich kaufen, Liebe nicht und diese brauchen Männer genauso wie Frauen.

Für einen Mann ist eine Beziehung auch eine Versorgung seiner Bedürfnisse.
Es ist praktisch wenn er sein Essen bekommt, saubere Kleidung und mitunter auch Sex.
Vor allem seelische Zuwendung bekommt er nur bei einer Frau.
Zuerst durch die Mutter die immer Verständnis für ihren Sohn hatte und dann von der Partnerin.
Sobald jemand da ist der diese Bedürfnisse erfüllt sehen Männer keinen Grund die Situation zu ändern.
Weil sie zum Leben nicht mehr brauchen.

Frauen treiben Männer in die Flucht oder zu anderen Damen:

Sobald die Hochzeit vorbei ist, verändern sich Frauen weil sie nicht mehr reizvoll sein müssen.
Mit dem Ehering am Finger werden sie langweilig und gemütlich.
Wenn die Familie mit Kindern vergrößert wird ist es endgültig vorbei mit der sexuellen Anziehungskraft.

Die Liebe gilt vorrangig den Kindern, der Partner muss Platz machen, auch im ehelichen Bett.
Sie vernachlässigen ihr Äußeres und schimpfen über seine Freunde und seine Hobbys.
Sie nörgeln an ihm herum, quälen ihn mit ihrer Unzufriedenheit und beachten ihn nicht mehr, sie lassen keine Nähe zu und verweigern den Sex.

Frauen drängen den Mann dazu, beruflich aufzusteigen und Erfolg zu haben. Vor allem sollte er mehr verdienen, um ihnen ein besseres Leben bieten zu können.
Der Mann fühlt sich als Versager weil er ihren Ansprüchen nicht standhalten kann.

Sein Pflichtbewusstsein gegenüber der Familie lässt ihn passiv verharren und unzufrieden werden.

Um irgendwann auszubrechen um die nächste Frau zu ehelichen. Und das Spiel geht von vorne los, weil er nicht gelernt hat sich zu artikulieren und sich mit seiner Frau auseinanderzusetzen.

Kommunikation vor der Trennung:

Trennungen können durch Gespräche vermieden werden, denn Meinungsverschiedenheiten und ehrliche Kritik sind Bestandteil einer guten Beziehung.
Jeder hat das Recht seinen Standpunkt zu vertreten und sollte dies auch tun, denn so lernt man den Partner kennen und erfährt was ihn stört.

Doch immer sollte ein Konsens angestrebt werden um den gemeinsamen Weg weiter zu verfolgen, denn getrennte Wege in verschiedene Richtungen führen zur Entfremdung.
Wenn es in einer Beziehung nie zu einem klärenden Gespräch kommt oder Missstände nicht ausgeräumt werden, wächst die Unzufriedenheit und somit auch die Bereitschaft sich zu trennen.

Eine Trennung ist immer schmerzhaft, besonders wenn die Partnerschaft schon lange besteht.
Man fällt in ein tiefes Loch, wird depressiv und findet sein Leben ohne Partner sinnlos.
Man muss mit Gewohnheiten brechen, auch wenn man nicht will.

Manchmal sind Trennungen aber unvermeidlich.
Schließen sie damit ab und bewahren sie ihre Contenance wenn sie über ihren Expartner sprechen oder ihm begegnen.

Nachsatz:

Irgendwann haben sie sich ja einmal geliebt!

Singles und One Night Stands

Nach einer Trennung sind und bleiben viele vorerst einmal Single und fangen an ihr Leben alleine zu genießen, besonders wenn sie selbst die treibende Kraft der vorausgegangenen Trennung waren.
Sie holen Versäumtes nach und sind niemanden Rechenschaft schuldig.
Singles sind Herr über ihre Zeit, wenden sich neuen Hobbys zu und finden ihr Leben schön und aufregend.
Sie wollen keine neue Beziehung die sie wieder in ein Korsett zwängt und Verpflichtungen mit sich bringt.

Singles werden oft beneidet:

Sie haben Freiheiten die in einer Partnerschaft nicht möglich waren, sie leben und lieben wie es ihnen gefällt, ohne mit Konsequenzen rechnen zu müssen.
Vorschriften und Regeln gibt es nicht mehr.

Der Mann kann einen Marathon laufen bis er sich übergibt, Krafttraining betreiben bis die Oberarme platzen, er kann soviel Pizza essen bis ihm schlecht wird. Er sieht die ganze Nacht Krimis oder tagelang Pornos um hemmungslos dabei zu masturbieren. Er kann mit jeder vögeln die ihm über den Weg läuft und er wird sie nachher nicht anrufen. Er wird tagelang in der Garage unter dem Auto liegen und schrauben und auch dort übernachten. Manchmal zieht er mit Freunden von Lokal zu Lokal, betrinkt sich bis zur Bewusstlosigkeit und hat am Morgen keine Ahnung wie diese unattraktive Frau in sein Bett gekommen ist.
Er raucht bis die Wohnung völlig verqualmt ist und verstreut seine Kleider am Boden.
Er besinnt sich seine Karriere voran zu treiben und belegt sämtliche Seminare die in der Firma angeboten werden, vielleicht fährt ja die Kleine aus der Rechtsabteilung mit auf die er schon lange scharf ist.

Die Frau wird nächtelang Liebesfilme ansehen und sich dabei die Seele aus dem Leib heulen, in Zeitschriften schmökern und sich verblöden lassen.

Sie wird Wellnessurlaube buchen und dort mit dem Qi Gong
Meister Kamasutra üben bis sie sich den Ischiasnerv einklemmt.
Sie wird zur Vegetarierin und engagiert sich im Tierschutzhaus.
Sie betreibt Pilates bis zur Erschöpfung und bis sie sich selbst
verwirklicht.
Der Job wird wichtig und andere Frauen werden niedergemacht
und vernichtet. Auch das gehört zur Selbstverwirklichung,
der Egoismus wird stutenbissig beim eigenen Geschlecht erprobt.
Sie erzählt jeden von ihrer Unabhängigkeit und dem guten Gefühl
der Freiheit.
Für den Sex angelt sie sich einen verheiraten Mann, weil er sie
nicht einengen oder gar beherrschen kann.
Sie gibt sich hin wann sie will und mit wem sie will, ohne
Eifersuchtsszenen und Streit und vor dem Frühstück wirft sie den
Mann aus ihrer Wohnung.

Ältere Singles sind nicht mehr bereit ihre Linie zu verlassen und
sich auf einen neuen Partner einzustellen. Sie wollen sich nicht
mehr dem Diktat eines anderen Menschen unterwerfen und leben
so selbstbestimmter. Auch Enttäuschungen spielen eine große
Rolle für die Bevorzugung der Einsamkeit.

Geld ist ein weiterer Grund keine Beziehung mehr einzugehen.
Man will sich finanzielle Wünsche erfüllen gegen die sich der
Partner möglicherweise auflehnen würde und man will sein Geld
nicht mit jemanden teilen.

Singles wollen sich den Stress einer neuen Beziehung nicht
antun und bevorzugen ein Leben ohne Partner, mit vernünftigen
Argumenten:

Keiner nörgelt, keiner macht Vorwürfe und zwingt zur Mäßigung
beim Essen, Rauchen und Alkohol, keiner weiß alles besser,
keiner versucht den Charakter zu ändern oder kritisiert
eigenartige Gewohnheiten des Partners.
Eben weil niemand da ist der einem das Leben zur Hölle machen
kann.

Aber das Singledasein hat zwei Seiten:

Kurzfristig ist ein Sololeben erfüllend, aber auf Dauer sicher nicht.

Der Mensch ist ein soziales Wesen und er hat das Bedürfnis seinen Weg nicht alleine zu gehen.
Er will sein Leben, Freuden und Sorgen mit jemanden teilen denn ohne Partner ist die Zukunft einsam.

Meist sind Singles nach einer Trennung irgendwann wieder bereit einen Menschen in ihr Leben zu lassen und wünschen sich nichts sehnlicher als zu lieben und geliebt zu werden.
Sie beginnen zu suchen und bemerken dass ein Partner der den Vorstellungen entspricht nicht so einfach zu finden ist.
Manche sind nicht bereit Kompromisse einzugehen und müssen daher ihren Egoismus alleine ausleben.
Einige haben überzogene Ansprüche an den Wunschpartner, aber können selbst keine Vorzüge bieten.
In ihren Gedanken kreieren sie sich einen Partner den es so nicht gibt, sie haben Vorstellungen die nicht erfüllt werden können.
Besonders bei optischen Präferenzen wollen Männer kaum Abstriche machen obwohl sie selbst keine Augenweide sind.

Um zumindest ein wenig Zuneigung zu bekommen wählen Menschen den schnellen Sex.

One Night Stand:

Der One Night Stand ist Sex für eine kurze Zeitspanne mit einen Menschen den man nicht liebt.
Der schnelle Sex kann nur einige Minuten dauern oder die ganze Nacht, je nachdem wo er stattfindet. Im Auto, bei Freunden oder im Hotel.
Ganz selten dass man den erwählten Partner für die schnelle Nummer mit nach Hause nimmt, denn in der Regel will man den One Night Stand schnell wieder loswerden.

Gelegenheit:

Manche Menschen brauchen den Kick eines One Night Stand.
Ergibt sich eine günstige Gelegenheit, wird zugegriffen.

Weihnachtsfeiern werden auch für einen One Night Stand genützt.
Man trinkt zusammen, hat gute Laune und auch Lust.
Man fährt die nette Kollegin nach Hause und im Auto kommt es dann zu mehr.
Man weiß dass auch sie in einer Beziehung lebt und daher ist die Gefahr einer Verantwortung für den außerehelichen Sex nicht vorhanden.
Wie man am nächsten Tag mit diesen Ausrutscher umgeht ist eine andere Sache.

Auch Kuraufenthalte bieten gute Chancen für schnellen Sex.
Man ist nicht unter Beobachtung seines Partners, und den Kurschatten sieht man nachher nie wieder.

Nichts ist schöner als ein Betriebsausflug, man kann tun was man will, ohne Rücksicht auf den Partner.
Weg von zu Hause und weg vom langweiligen Sex.
Betriebsausflüge sind dazu da, es richtig rundgehen zu lassen.
Vorher noch zum Friseur und ein neues Outfit kaufen denn die Kollegen sollen doch sehen wie attraktiv man sein kann.
Die Kollegen?
Soviel Aufwand für einen schönen Ausflug mit anschließenden netten Abendessen?
Oder doch für mehr?

Hat nicht vorrangig der Partner das Recht auf Attraktivität seiner Partnerin und nicht die Anderen?

Marktwert:

Es gibt Menschen die sich selbst am meisten lieben.
Diese Narzissten finden sich unwiderstehlich und wollen ständig Anerkennung von außen.
Um sich immer wieder zu beweisen wie anziehend er ist, will der Narzisst den eigenen Marktwert testen und sucht die Selbstbestätigung beim schnellen Sex.

One Night Stands heben das Selbstwertgefühl kurzfristig in die Höhe, man ist begehrt und kommt beim anderen Geschlecht an.

Traurig, wenn man sich Akzeptanz mit einem One Night Stand erhofft.

Männer und One Night Stands:

Ein One Night Stand ist für Männer eine willkommene Sache um den Trieb abzubauen.
Männer, besonders wenn sie Singles und jung sind, nehmen was sie kriegen können.
Die Frau muss nicht unbedingt gefallen und Gefühle kommen dabei nicht ins Spiel.
Es geht in erster Linie um die Eroberung, und ob er Mann genug ist die Frau zu verführen.
Ein Mann geht problemlos mit einer Frau ins Bett, macht sein Ding, zieht sich an und geht.
Meist verspricht er sie anzurufen, was er natürlich nicht tut.

Männer wenden sich schneller einem One Night Stand zu, wenn sie von einer Frau betrogen wurden.
Ihr Vertrauen ist erschüttert und sie wollen nicht mehr verletzt werden.
Daher versuchen sie vorerst Abstand zu gewinnen und sind nicht bereit sich wieder auf eine Beziehung einzulassen.

Frauen und One Night Stands:

Wenn Frauen einen One Night Stand zustimmen, haben sie immer triftige Gründe:

Rachesex:

Wenn eine Frau von ihrem Partner betrogen wird, ist das sehr demütigend, denn er zieht ihr eine andere Frau vor!
Die Frau ist verletzt und sinnt auf Rache, ihr gekränkter Stolz bewegt sie dazu es ihm gleichzutun.

Manchmal ist der Sex mit einem anderen Mann nur die Bestätigung für das eigene Ego und ein Geheimnis das sie nie offenbart, weil sie ihre Beziehung nicht aufs Spiel setzen will.
Falls der Rachesex nur sattfindet um ihren Mann zu zeigen dass sie als Frau noch begehrt wird und ihm diese Affäre auch gesteht, wird der Mann gekränkt sein.
Er ist nicht nur in seiner Eitelkeit getroffen, sondern auch in seiner Ehre erniedrigt worden.

Sex aus Rache sollte gut überlegt sein, denn die Partnerschaft wird danach auf der Kippe stehen.

Frisch getrennt und keine Lust auf Beziehung:

Nach einer Trennung will die Frau ihre Freiheit so richtig auskosten und wird daher von einer möglichen Beziehung Abstand nehmen.
Sie wird nur Männer bevorzugen, die sie nicht wieder in eine Partnerschaft drängen.
Ein One Night Stand ist frei von Verpflichtungen und weiteren Treffen.
Besonders wenn der Mann anderweitig gebunden ist.
Ausgerechnet Frauen, die anderen Frauen die Schuld für die Untreue ihres Mannes geben, haben nach einer Scheidung plötzlich keine Skrupel mehr mit vergebenen Männern Sex zu haben.
Sie sind Single, sie sind frei und sie nehmen sich was sie begehren.
Und Männer können schwer nein sagen, wenn die Frau für einen schnellen, unkomplizierten One Night Stand zur Verfügung steht.

Fazit:

Singles können ihr Singledasein kurzfristig genießen. Auf Dauer sehnt sich der Mensch jedoch nach einer Beziehung.

Bei einem One Night Stand wird die erhoffte Beachtung bestätigt, aber die Leere die danach zurückbleibt ist nicht wünschenswert.

Seinen echten Wert und ein erfülltes Leben findet man nur in einer innigen, vertrauten Beziehung sicher nicht als Single oder beim schnellen Sex.

Sex

Frauen mögen Sex! Genauso wie Männer.
Lust ist die treibende Kraft zum Sex und Frauen sind ebenso lustvoll wie Männer.

Für Mann und Frau ist Sex ein natürlicher Trieb, genauso wie essen und schlafen und eines der schönsten Dinge im Leben.

Nach dem Sex fühlen wir uns zufrieden und meist glücklich. Zumindest sollten wir uns so fühlen, aber ist der Sex wirklich immer erfüllend?
Was ist der Unterschied zwischen guten und schlechten Sex und warum wollen wir Sex?

Warum tut uns Sex so gut?

Berührung:

Laut wissenschaftlichen Erkenntnissen brauchen wir täglich zwölf Berührungen für unser Wohlbefinden. Zwölf!
Wie viel Berührungen hatten Sie heute?
Natürlich geht es nur um Berührungen die uns gut tun und angenehm sind und nicht um Berührungen die uns verletzen oder demütigen, wie Schläge oder Stöße.
Schöne Berührungen sind ein Händedruck, ein Schulterklopfen, streicheln, in den Arm nehmen, Hand in Hand gehen, kuscheln, küssen.
Wir berühren uns selbst beim waschen, wir bürsten uns die Haare, cremen uns ein und tragen Kleidung die sich angenehm anfühlt.
Wir bezahlen für Berührungen, indem wir uns vom Masseur oder der Kosmetikerin verwöhnen lassen. Oder wir legen selbst Hand an, streicheln oder befriedigen uns.
Paare bekommen diese Streicheleinheiten alle beim Sex, der Hautkontakt ist angenehm und berührend und löst den Wunsch nach Nähe aus.
Auch die Penetration ist eine Art der Berührung.

Spaß:

Sex macht Spaß!
Wir freuen uns wenn der Partner zu uns liebevoll ist, wenn er uns begehrt und uns anfasst. Wir fühlen uns nachher entspannt und haben gute Laune. Sogar leichte Kopfschmerzen vergehen beim Sex, unsere Schmerzgrenze ist herabgesetzt und die Sinne sind geschärft.
Aufregende Liebespiele, Ausprobieren von Stellungen und sinnliche Genüsse fördern den Spaß am Sex.
Neben der lustvollen Freude fühlen wir uns enger mit den Partner verbunden und die Liebe wächst.

Befriedigung:

Zur Berührung und dem Spaß am Sex erreicht das Liebesspiel durch die Befriedigung den Höhepunkt.
Männer schließen mit dem Orgasmus ab und sind dadurch völlig befriedigt. Der Penis schlafft ab, sie sind müde und zufrieden.
Sie kuscheln sich noch an die Frau und schlafen ein.
Frauen haben nicht immer einen Höhepunkt, trotzdem sind sie befriedigt. Das Liebkosen, das Küssen, das Stimulieren mit dem Finger lässt sie feucht werden. Das verursacht ein warmes, angenehmes Gefühl, die Frau hat mit diesem Gefühl schon ein Level der Befriedigung erreicht.
Der Orgasmus wäre noch eine Draufgabe, viele Frauen decken jedoch ihre Bedürfnisse bereits mit dem wohligen, feuchten Reiz der Erregung ab.
Frauen finden Sex auch ohne Höhepunkt schön, manche Frauen erreichen nie einen Orgasmus, doch ihr Sexualleben ist trotzdem erfüllend, weil sie sich geborgen und angenommen fühlen.

Guter Sex:

Beim Liebespiel ist das Vorspiel ganz entscheidend.
Ein Mann wird schnell erregt und könnte sobald er eine Erektion aufgebaut hat, gleich mit dem Sex beginnen.

Bei einer Frau ist es wesentlich komplizierter.
Eine Frau benötigt ein Vorspiel um Lust zu bekommen, das besteht aus küssen, streicheln und Zärtlichkeiten.

Erst langsam beginnt sie erregt zu werden und der Mann muss sich bis dahin in Geduld üben.
Frauen brauchen Zeit um die Erregung aufzubauen und ohne Erregung werden sie nicht feucht und solange dass nicht passiert, sind sie auch nicht bereit den Mann aufzunehmen.
Eine Frau will ja nicht dass der Mann ihr weh tut.

Paare die verliebt sind haben immer guten Sex.
Verliebte sind nur für sich, vergessen alles rundherum und widmen dem Partner die ganze Aufmerksamkeit.
Man hat ständig Verlangen und will den geliebten Menschen ansehen, erforschen, ertasten, riechen und schmecken.

Natürlich kann Sex auch mit einem noch fremden Menschen gut und aufregend sein.
Gut und aufregend, aber nicht erfüllend!

Paare mit gutem Sex reden offen über ihr Sexleben:

Miteinander über Sex zu sprechen ist wichtig, da keiner weiß was der Partner will und was er ablehnt.

Die meisten Paare reden jedoch nicht über ihre sexuellen Fantasien, aus Angst vor der Reaktion des Partners, aber sie würden sexuelle Wünsche erfüllen, wenn sie diese kennen würden.

Eine Frau die Sex liebt, mag ihren Körper und liebt es wenn der Mann die Führung übernimmt, sie lässt sich gerne beim Sex erobern und spricht über ihre Lust.

Für einen Mann ist sexuelles Verstehen von großer Wichtigkeit. Männer wollen im Bett gute Leistungen zeigen aber wenn sie einen schlechten Tag haben verzichten sie lieber auf Sex. Daher ist es wichtig der Partnerin mitzuteilen und zu begründen, dass sie keine Lust auf Sex haben.

Guter Sex ist wenn man vom Partner angenommen wird und seine Vorlieben kennt.
Auch wenn Paare keinen makellosen Körper haben, werden sie sich trotzdem begehren, weil sie über Sex reden, sich ihre Bedürfnisse mitteilen und Sex toll finden.

Sex mit der Seele:

Die Seele ist unser Wohlbefinden.
Erst die Seele gibt der körperlichen Vereinigung das schöne Gefühl der Geborgenheit.

Frauen können Sex ohne Seele nicht so genießen wie Männer, sie sind emotionaler und müssen den Mann zumindest mögen wenn sie sich mit ihm einlassen, denn ohne Vertrauen kann sich die Frau nicht hingeben.

Und der wahre Genuss der körperlichen Liebe entsteht erst durch Vertrauen in einer liebevollen Partnerschaft.

Guter Sex hat viel mit wohlfühlen zu tun und ohne Seele wird der Sex nicht erfüllend sein.
Erst durch die Sicherheit die man dem Partner gibt und von ihm bekommt, wird der Sex gut.
Sex mit einem Menschen den man liebt, löst die Sehnsucht aus bei diesen Menschen bleiben zu wollen.

Guter Sex hängt also von verschiedenen Faktoren ab. Sex ist dann gut wenn beide das Liebesspiel genießen, wenn sie sich hingeben können und wenn auch die Seele und das Herz Erfüllung findet.

Schlechter Sex:

Junge Menschen lernen bei der Sexualaufklärung wie Sex funktionieren soll.
Das bedeutet, wie man Sex ausführt, wie man richtig küsst oder jemanden zum Orgasmus stimuliert oder wie oraler Sex abläuft.

Das heißt, sie lernen wie Sex mechanisch betrieben wird.
Befriedigende Sexualität besteht aber nicht nur aus technischen Raffinessen, sondern aus unzähligen Faktoren die wichtig sind.

Männer machen den Fehler dass sie sofort auf ihr Ziel losgehen, aber sie lernen nicht was guten Sex wirklich ausmacht.
Das bekannteste Ziel das ein Mann sofort anpeilt und bearbeitet ist die Klitoris der Frau.

Sie sitzt dort wo die Schamlippen oben zusammenlaufen und sieht aus wie eine rosa Perle über die ein Häutchen gespannt ist. Wenn man das Häutchen nach oben schiebt kommt der Klitoris zum Vorschein.
Dieser ist extrem empfindlich, wesentlich empfindlicher als der Penis.

Ein Mann stürzt sich sofort auf dieses Lustzentrum der Frau und rubbelt mit den Fingern daran rum.
Er glaubt die Frau würde auf diese Behandlung erregt werden. Aber das Gegenteil ist der Fall.
Eine Frau die noch nicht erregt ist wird diese Stimulation als äußerst schmerzhaft empfinden und der Mann wundert sich dann, warum sie ihn wegschiebt oder sich seinen Händen entzieht.
Erst wenn der Klitoris durch eine Erregung anschwillt finden Frauen ein zartes Berühren mit den Finger angenehm. Nur die Zunge ist sanft genug die Klitoris zu stimulieren wenn die Lust auf sich warten lässt.

Auch der G-Punkt wird von Männern verzweifelt gesucht und dabei penetrieren sie die Frau möglichst auf der Stelle wo der G-Punkt vermutet wird.
Der G-Punkt ist kein Punkt an einer bestimmten Stelle, sondern eine erogene Zone vom Scheideneingang bis etwa 5 Zentimeter danach.

Frauen wollen lieber an ihren inneren und äußeren Schamlippen gestreichelt werden, bis sie die Erregung aufbauen und feucht werden.
Erst dann darf der Mann mit dem Finger oder den Penis in sie eindringen.
Durch die Reibung wird der Klitoris nach unten gezogen, der berühmte G-Punkt stimuliert und
die Frau kann zum Orgasmus zu kommen.
Also, erst streicheln und warten bis die Frau feucht wird, dann liebevoll und sanft stimulieren und erst dann penetrieren.
Man braucht dafür Zeit und Geduld bis die Frau soweit ist.

Männer bescheren den Frauen schlechten Sex weil sie nur an sich denken:

Er wacht auf, hat eine Erektion, das Objekt der Begierde liegt neben ihm, er fasst sich die schlafende Frau und bedrängt sie.
Er will Sex und greift ihr auf die Brüste und zwischen die Schenkel.
Jetzt müsste sie doch funktionieren, denkt er.
Sie ist empört über sein ungeschicktes Verhalten und verweigert sich. Irgendwann lässt sie ihn trotzdem ran weil sie sich nicht mitten in der Nacht auf eine Diskussion über ihre ständige Unlust einlassen will.
Natürlich wird sie nicht feucht, er hilft mit Gleitmittel nach und absolviert das übliche Programm, bis zu seinem Höhepunkt, rollt von ihr runter und schläft ein.
Sie ärgert sich noch stundenlang über seine Lieblosigkeit und seinen Egoismus.
Nächsten Tag wird er wie gewohnt seinen Tag verbringen, sie überlegt wie sie ihn beim Abendessen vergiften kann.
Am Abend versucht er nochmals sein Verlangen zu befriedigen sie lehnt ihn ab, er nennt sie gefühlskalt.
Sie ist von seinen Worten so getroffen, dass sie tief verletzt ist.
Für ihn ist diese Sache erledigt, doch sie vergisst seine verbalen Demütigungen nicht, schon gar nicht, weil sie etwas gefunden hat, dass sie ihm beim nächsten Annäherungsversuch vorwerfen kann.

Anweisung für Männer:

Eine Frau ist keine Maschine bei der man nur einige Knöpfe drucken muss um sie in Gang zu bringen.
Eine Frau ist wie ein Oldtimer, sie muss gehegt und gepflegt werden und braucht eine Spezialbehandlung wie folgendes Vorgehen:

Der Mann betrachtet genüsslich, begehrt, bekommt Lust ihn zu fahren, setzt sich behutsam hinein, streicht zärtlich über die Armaturen und nimmt das Lenkrad liebevoll in die Hand.
Vorsichtig starten, den Gang behutsam einlegen, warten bis er zum schnurren anfängt, langsam wegfahren bis er zum rollen beginnt und dann stetig beschleunigen.

Das Fahrgefühl genießen, die extravagante Fahrweise auskosten und langsam aber sicher zum Ziel kommen.
Das ist guter Sex!
Schlechter Sex ist starten, Gang rein, verschalten, Motor heult auf, Getriebe bedankt sich, aufs Gas steigen, Vollgas durchtreten und sich dann wundern wenn der Motor streikt und sich irgendwann verabschiedet.
Alles verstanden, Männer?

Anweisung für Frauen:

Schlechter Sex für den Mann ist, wenn die Frau nicht lustvoll ist, wenn sie Sex als Pflicht ansieht und an die Decke starrt während er sie vögelt.
Wenn sie verklemmt ist und seinen Penis weder ansieht, noch angreift und ihn schon gar nicht in den Mund nimmt.
Wenn Sex langweilig und lusttötend ist.
Wenn er sich wie ein Vergewaltiger vorkommt, weil sie den Sex zwar zulässt, aber dabei passiv bleibt. Wenn er ihre Abneigung gegen Intimitäten spürt.
Wenn er sich bemüht sie scharf zu machen, aber wegen ihrer Ablehnung daran scheitert.

Für einen Mann ist es erniedrigend wenn die Frau ständig seine Annäherungsversuche abblockt und seine sexuellen Avancen abwehrt.
Er fühlt sich nicht nur körperlich von ihr abgelehnt, sondern als ganze Person. Auch Kritik über seine sexuellen Handlungen bezieht er auf sich.
Frauen sollen den Mann behutsam darauf hinweisen was sie nicht wollen.
Wenn er ständig seine Zunge in ihr Ohr steckt oder sie regelrecht abschleckt, die Brüste derb anfasst oder Dinge tut die ihr zuwider sind, muss sie ihm das auch mitteilen.

Frauen sollen sich trauen darüber zu sprechen, dass sie gewisse Dinge abstoßend oder schmerzhaft empfinden.

Der Mann weiß es ja nicht und eine gute Partnerschaft hält Kritik im sexuellen Bereich aus.

Liebesspiel oder nur Wettbewerb?

Männer sind ehrgeizig, ja geradezu verbissen wenn sie sportliche Ziele erreichen wollen.
Erfolge, Pokale und Trophäen sind für sie wichtig, sie wollen sich messen und der Beste sein.
Genauso sind sie in ihrer Sexualität.
Für sie ist Sex leider nur ein Wettbewerb.
Der größte Penis, die härteste Erektion, die ausdauernde Penetration, das alles ist wichtig für Männer.

Wenn sie nur soviel Energie in ihr Liebesleben investieren würden, könnten sie auch die Bedürfnisse der Frau erfüllen.
Männer sollten Sex nicht als Wettbewerb betreiben, sondern als das was Sexualität wirklich ausmacht.
Ein Liebesspiel ist ein Austausch der Gefühle zwischen Mann und Frau und gleichsam ein Geben und Nehmen.
Nicht der größte Penis beglückt die Frau, sondern eine liebevolle Sexualität, in der auch sie nicht auf der Strecke bleibt, weil er mit seiner sexuellen Leistung so beschäftigt ist.

Männertraum oder Alptraum?

Feuchtfröhliche Männerrunde im Bierzelt, hier wird politisiert und die Welt verbessert, hier sind Männer noch richtige Kerle und mitunter werden Männerfantasien mitgeteilt:
„Jetzt gehe ich heim und besorge es meiner Alten!" sagt ein betrunkener Mittvierziger unter großem Gejohle der anderen Männer.
„Ja, zeig es ihr, nimm sie ran!" sagt ein älterer dicker Mann, wieder Gelächter in der Runde.
Und schon wird mit Kraftausdrücken über bumsen, vögeln, blasen und eine Nummer schieben gesprochen.
Die tollen Typen übertrumpfen sich mit frauenverachtenden Kommentaren, obszönen Worten und Gesten.
Sie übertreffen sich mit Fantasien und träumen vom harten Sex den sie nie erleben werden.

Frauen würden nie so herablassend über Sexualität sprechen.
Für Frauen hat Sex mit Liebe zu tun und Männer die derart abwertend über ihre Partnerinnen reden, dürfen sich nicht wundern wenn sie sexuell abgelehnt werden.

Eine Frau will nicht gefickt werden, bereits das Wort ist demütigend, sie will auch nicht wie eine Kuhattrappe in einer Besamungsstation bestiegen werden, sie will Sex mit Gefühl.

Frauen wollen Küsse, kuscheln, streicheln, Zärtlichkeiten und liebevollen Sex.

Für Frauen sind solche Männer, die davon träumen die Frau zu nehmen wie eine Ware, ein Alptraum.

Bezahlter Sex:

Sexuelle Erregung wird vom Gehirn gesteuert daher reichen bereits Gedanken oder ein optischer Reiz um lustvoll zu werden.

Sexualität mit dem Verstand ist hauptsächlich bei Männern möglich. Ein Mann denkt an Sex, bekommt eine Erektion und will diesen Drang durch Geschlechtsverkehr befriedigen.
Der Kopf meldet Lust und der Mann will diesem Verlangen auch nachgeben.
Er sucht ein Bordell auf und bekommt dort seine Wünsche erfüllt.
Mit Geld lässt sich Sex kaufen, die Prostitution lebt von der Rationalität mit der Sex praktiziert wird.

Männer können ihre sexuellen Neigungen ohne schlechtes Gewissen bei einer Prostituierten ausleben.
Er bezahlt und dafür will er bedient werden auch wenn seine Forderungen die Frau erniedrigen.
Sein Verstand verdrängt die Gefühle, die Frau wird benützt, dafür sind Huren ja schließlich da.
Wie sich die Frau dabei fühlt ist den Männern völlig egal.

Das Prostitution ganz selten freiwillig gewählt wird und Frauen durch Gewalt von Zuhältern gefügig gemacht werden ist für einen Freier im Moment des Verlangens nicht wichtig.

Besonders Männer die perverse Wünsche haben oder herrschen wollen um sich mächtig zu fühlen, gehen ins Bordell.
Geld regiert eben die Welt, auch die Menschen!

Und Männer glauben wirklich diese bezahlte Frau empfindet Lust, die Lust die er ihr beschert!
Frauen können perfekt Orgasmen vortäuschen und dem Mann ihre angebliche Erregtheit vorspielen.

Traurig das Männer einen verstandsorientierten Sex praktizieren müssen, die aus ihrer Unfähigkeit eine sexuell erfüllende Partnerschaft resultiert.

Wer ist nun der Verlierer bei diesem Spiel?

Fazit:

Unerfüllter Sex ist wenn man keine Rücksicht auf die Vorlieben des Anderen nimmt und die Bedürfnisse des Partners ignoriert. Wenn man Sex einfordert, obwohl der andere keine Lust hat. Wenn man für Sex bezahlt.

Schlechter Sex ist Zwang, Unterwerfung und Egoismus, ohne Liebe und Zuneigung.

Kein Sex:

Auch das gibt es!
Beziehungen die gänzlich ohne Sex auskommen, gewollt oder ungewollt.
Paare sagen das Sex nicht mehr wichtig ist, es ist die Liebe und die Freundschaft die den Sex ersetzen.
Wahr ist, Sex kann durch nichts ersetzt werden.

Es ist die Resignation wenn im Bett nichts mehr läuft, sowie die Passivität der Menschen es nicht zu ändern.
Die Paare haben sich arrangiert weil sie keine Lust mehr empfinden, weil der Partner nicht mehr begehrenswert scheint oder weil Routine den Sex abstumpfen ließ.
Sie sind nicht bereit wieder sinnliche Freuden zu genießen, weil sie älter geworden sind oder weil einer den Sex immer schon für verzichtbar gehalten hat und der andere sich fügt.

Frauen sind meist froh wenn er nicht mehr zum Sex drängt, weil sie körperliche Liebe nie als befriedigend empfunden haben und weil sie nie erfahren durften wie schön Sex sein kann.
Männer legen Sex auf Eis wenn sie Erektionsstörungen haben und durch die Vermeidung von Sexualität ihr Problem damit lösen.

Auch sehr wenig Sex in der Beziehung lässt die Lust in einer langen Partnerschaft irgendwann ganz einschlafen und endgültig erlöschen.

Wenn sich zwei Menschen lieben, haben sie auch Lust auf Sex, zumindest Lust auf Berührungen, das gehört genauso zur Sexualität und ist ein sinnliches Vergnügen.

Wenn die Gespräche verstummt sind, wird auch der Sex nicht mehr betrieben.

Von Frauen wird Sexverweigerung auch als Machtdemonstration benützt.
Wenn er sie lieblos und abwertend behandelt, ist die Verweigerung von Sex eine Macht die sie gegen ihn anwenden kann. Sexentzug als Druckmittel hat sich noch nie bewährt und treibt den Mann zu einer anderen Frau.

Verzicht und Vorenthaltung von Zärtlichkeiten sind unnatürlich und der Tod jeder Partnerschaft.
Wenn der Sex keine Rolle mehr in der Beziehung spielt, gibt es auch keine Küsse, keine Umarmung, keine intimen Berührungen und keine Nähe.
Sexualität ist nicht nur Trieb sondern auch Gefühl.

Verbotener Sex:

Nein!
Dieses Wort im sexuellen Bereich ist zu akzeptieren!
Alle Arten von sexuellen Annäherungen, verbale sexistische Entgleisungen oder Berührungen die ein Mensch nicht möchte, müssen unterlassen werden!

Sex beginnt nicht erst mit dem Geschlechtsverkehr, sondern beinhaltet auch sämtliche Berührungen wie Küsse, Umarmungen, eben alles was als intim empfunden wird, auch dümmliche, anzügliche Bemerkungen oder permanentes Starren auf die Brüste.
Auch wenn eine Frau aufreizende Kleidung trägt und dadurch sexy aussieht hat der Mann nicht das Recht sie als Freiwild zu betrachten.

Sexuelle Handlungen mit folgenden Personen sind absolut tabu:
Kinder, Verwandte, Schutzbedürftige wie Behinderte und vor allem mit Menschen die nicht fähig sind Widerstand zu leisten oder ihr Missfallen auszudrücken.
Jede sexuelle Handlung die unter Drohungen, Zwang, Druck, Einfluss, Gewalt oder sonstige Einschüchterungen gemacht werden sind verboten!

Sexualität darf nur zwischen zwei gleich starken Menschen vollzogen werden, ohne Zwang und ohne Einschränkung der Freiheit.

Mythen über Sex:

Männer lieben schnellen, harten Sex, Frauen suchen die Geborgenheit, Männer haben ein stärkeres Verlangen, Frauen wollen nur einen Erzeuger für ihre Kinder und versorgt sein.
Männer können Gefühle und Sex trennen und denken ständig an Sex.
Die ältere Generation hält unerbittlich an diesem längst überholten Klischee fest, weil Frauen keine Lust zeigen dürfen, Männer aber schon!

Für viele Männer beginnt der Sex mit dem Geschlechtsverkehr, für die meisten Frauen sieht die Sache anders aus.
Der Flirt ist noch ein unverfängliches Spiel, doch beim ersten Kuss fängt für die Frau bereits der Sex an. Auch zärtliche Berührungen und Umarmungen sind für sie Sex.

Untreue beginnt beim Mann erst beim Eindringen in die Frau, aber wenn seine Frau einen Anderen küsst oder sich an erogenen Zonen anfassen lässt, dann wird der Mann das nicht dulden.
Er setzt eben andere Maßstäbe.

Immer wieder hört und liest man, dass Männer öfter Sex haben als Frauen.
Wenn diese These stimmt, mit wem haben sie dann Sex?
Mit sich selbst? Mit anderen Männern? Mit einer Handpuppe?

Wenn ein Mann Sex hat, praktiziert er diesen in der Regel mit einer Frau, also müssten doch beide Geschlechter gleich viel Sex haben.
Laut Umfragen geben Männer an etwa zweimal in der Woche Sex zu haben, Frauen sprechen von zweimal im Monat.

Die Erklärung ist ganz einfach:
Männer übertreiben bei der Sexualität maßlos um potent zu scheinen, Frauen untertreiben um nicht als Nymphomanin zu gelten.
Wie immer stimmt das Mittelmaß, also etwa einmal pro Woche und dies meist Sonntagmorgen.

Ein toller Typ, wenn er mit vielen Frauen schläft:

Keine kluge Frau wird sich mit einem Mann einlassen, der damit prahlt wie viele Frauen er schon erobert, flachgelegt und genommen hat.
Sie will nicht eine weitere Trophäe in seiner Sammlung sein und lässt ihn abblitzen.

Der Mann nimmt sich das Recht zur Vielweiberei und wird dafür auch noch bewundert wenn er mit vielen Frauen schläft.
Aber es gibt keine Beweise dass Männer mit vielen Sexualkontakten auch gute Liebhaber sind.
Meist sind sie sogar schlechte Liebhaber, sie suchen Anerkennung und stärken ihr Ego, der Sex dient nur dazu, die eigenen Triebe zu befriedigen.

Eine Frau wird einem Mann kaum sagen dass er eine Niete im Bett ist.
Entweder toleriert sie seine ungeschickten, sexuellen Handlungen oder vermeidet es mit ihm zu schlafen, oder sie sucht den Fehler bei sich.
Eine Frau ist zu diplomatisch um ihn als schlechten Liebhaber zu bezeichnen und nichts würde den Mann härter treffen, wenn er als sexueller Amateur abgestempelt wird.
Er würde ihr die Schuld für sein Versagen geben und die Frau reizlos nennen.

Ein ungebundener Mann wird so oft wie möglich mit Frauen schlafen auch wenn er sie nicht besonders anziehend findet.
Er wird alles versuchen sie ins Bett zu bringen nur um seine Selbstbewusstsein zu stärken und seine Grenzen soweit ausloten wie es die Frau erlaubt.

Der Mann wird seine sexuellen Avancen weiterführen solange sie es zulässt.

Männer die in einer Frau nur ein Sexobjekt sehen, sind zu unreif für eine gleichberechtigte Beziehung.

Sexobjekt Frau:

Auf keiner Automesse fehlen die sexy gestylten Frauen die sich wonnig auf den Motorhauben der schnittigen kleinen Sportwagen und der hochpreisigen Limousinen rekeln und den männlichen Käufer suggerieren. „Wenn du mich kaufst hast du auch Chancen auf eine so tolle Frau wie mich."

In den Medien und in der Werbung, überall wird die Frau zum Sexobjekt degradiert und vorgeführt.
Kein Mensch käme auf die Idee einen halbnackten Mann im aufreizenden Tanga vor eine Küchenmaschine zu stellen und damit die Käuferschicht der Frauen folgende Botschaft zu übermitteln: „Kauf mich und du wirst einen solchen Mann kriegen."
Die Botschaft würde höchstens von schwulen Männern erhört.

Frauen protestieren heftig dagegen, als Sexobjekt gesehen zu werden. Sie wollen nicht dass man sie auf ihr Äußeres reduziert, sondern als Person bewertet und empören sich wenn sie ein Mann anstarrt.

Die Frau ist nun mal das schönere Geschlecht und auch das erotischere, denn sie hat im Gegensatz zum Mann ein sichtbares sexuelles Attribut, nämlich die weibliche Brust.
Und Frauen spielen gerne mit ihrer Attraktivität.

Ein Mann darf schauen, aber bitte dezent und nur kurz, alles andere ist aufdringlich und primitiv.
Männer verteidigen sich sofort wenn eine Frau sie als Spanner tituliert, sie behaupten dann, die Frau ist verführerisch.
Er sieht in einer attraktiven Frau ein sexuelles Angebot dass er nicht ausschlagen kann.
Also starrt er sie an und hofft sie bemerkt es und ladet ihn zu mehr ein.
Sind Männer so leicht zu manipulieren, der Geist ist willig aber das Fleisch ist schwach?

Der Geist ist nicht willig denn der Mann erregt sich selbst. Der Mann lässt es zu dass er auf die sexuelle Anziehungskraft der Frau reagiert.

Und das sollte auch so sein, denn sonst würden beide nie miteinander flirten und eine Beziehung beginnen.
Leider werden dabei auch Männer angesprochen die mit Sicherheit nie in Betracht eines möglichen Partners kommen.
Daher ist für Frauen ein permanentes Starren auf die Brüste eine sexuelle Belästigung, genauso wie
Berührungen am Körper.
Das ist eine sexistische Anmache und nicht erlaubt!

Eine Frau geht nie so weit!

Sie vermeidet jede intime Berührung mit fremden Männern und hält Abstand.

Nehmen wir an, Frauen würden sich derart unsittlich verhalten wie manche Männer:
Sie nennt ihn Schätzchen, sieht ihn gierig an und macht anzügliche Bemerkungen.
Sie starrt Männern in den Schritt, fasst ihnen auf den Schenkel oder sonst wohin, fordert zum Geschlechtsakt auf und sieht sie lüstern an.

Der Mann würde von einer Frau die so aggressiv auf ihn losgeht wohl Angst bekommen, er würde sie auf Distanz halten und sich fragen was mit dieser Frau los ist.
Obwohl die Frau vom Mann als Sexobjekt gesehen wird darf sie ihn nicht als Lustknaben betrachten.
Da hört sich die Gleichberechtigung sofort auf, weil der Mann in seinen männlichen Werten erschüttert wäre.

Ein Flittchen, wenn sie mit vielen Männern schläft:

Männer messen sexuelle Kontakte von Frauen anders als bei sich selbst, sie verurteilen eine Frau wegen ihrer wechselnden Partner, obwohl sie die Promiskuität selbst ausleben.
Daher untertreiben Frauen immer bei der Anzahl ihrer Sexkontakte um nicht als Flittchen dargestellt zu werden.

Diesen Part übernehmen die Männer, denn eine Frau sollte standhaft bleiben, wenn sie seinen Werben nachgibt und sich verführen lässt, wird er sie für ihre Bereitschaft zum Sex verachten.
Ein Mann der die Frau wegen ihrer Sinnlichkeit verachtet, hat Angst vor ihrer sexuellen Kraft.
Eine Frau mit Erfahrung im sexuellen Bereich hat Vergleichsmöglichkeiten und dem will sich ein Mann nicht stellen.

Ein Mann wird nur mit einer Frau die anständig genug war, nicht sofort mit ihm Sex zu praktizieren, eine Beziehung eingehen.
Er lehnt eine Frau mit vielen sexuellen Abenteuern ab. Er will nicht, dass die Frau vor ihm schon mit anderen Männern Spaß hatte. Da hört sich für ihn der Spaß auf.
Er wird also eine ehrbare Frau erobern und heiraten.

Einer tugendhaften Frau ist Sex nicht so wichtig ist und darum hat sie die körperliche Liebe kaum praktiziert. Dadurch ist sie völlig verklemmt und hat keine Ahnung von der sexuellen Welt.
Sie hebt sich für den Mann auf der sie ehelicht und betrachtet Sex als Pflicht.
Und weil der Sex mit seiner anständigen Frau so unglaublich langweilig ist und er sich nicht traut sie zu lustvollen Sex zu überreden, wird der Mann fremdgehen.

Er wird sich bei Seitensprüngen ausleben, mit einer Frau die er vorher als Flittchen verachtet hat.
Und dieses Flittchen hat große Chancen die zweite Ehefrau dieses Mannes zu werden.
Weil sie Sex liebt und mit ihm auch tolle Dinge macht, von denen er mit seiner ersten Ehefrau nur geträumt hat.
Seine Fantasien werden wahr, weil diese Frau keine Hemmungen hat und Sex einfach nur schön findet.

Und er revidiert seine Meinung weil er endlich reifer und erwachsener geworden ist und er findet es erregend wenn sie weiß was er will.
Frauen lassen sich immer noch von der Gesellschaft in eine Schablone der Moral und Keuschheit pressen.
Jede Frau sollte ihre Sexualität so leben wie sie will und nicht wie es von ihr erwartet wird und Männer sollen akzeptieren dass auch Frauen Lust haben.

Fast jeder Mann sehnt sich nach einer Frau die genug sexuelle Kenntnisse hat um ihm Wünsche zu erfüllen.
Aber eine Frau kann nie zur Göttin der Lust werden wenn ausschweifender Sex tabu sein soll und sie für mehrere Liebhaber an den Pranger gestellt wird!
Sie kann das Begehren des Mannes nicht erahnen, wenn sie keine Erfahrungen sammeln darf.

Nur durch Übung wird die Frau zum Meister der körperlichen Liebe und kann sich der Sexualität öffnen das heißt Sex zu Übungszwecken um den Mann den sie liebt mit ihrer Erotik beglücken zu können.
Durch Selbstbefriedigung lernen Frauen den eigenen Körper so gut kennen, dass sie genau wissen was sie wollen und was sie ablehnen.
Aber sie lernen dadurch nicht die Vorlieben der Männer kennen!

Richtige Männer schätzen lustvolle Frauen und scheuen sich nicht davor eine Beziehung mit ihnen einzugehen.
Erst wenn sich die Sichtweise der Männer ändern würde, kann sich auch die Sexualität der Frau ändern.
Davon würden auch Männer profitieren.

Aber auch Frauen verachten Frauen mit einem bewegten Sexualleben.
Frauen die ihre Lust auch zeigen und keine sexuellen Schranken akzeptieren, werden von den lustlosen Geschlechtsgenossinnen misstrauisch beobachtet und mitunter als Schlampe stigmatisiert.
Frauen wollen erobert, verwöhnt und geheiratet werden und ihr einziger Joker einen Mann zu gewinnen ist die sexuelle Belohnung.

Wenn aber eine Frau so offen ihr Verlangen zeigt, haben andere Frauen die ihre Reize nur ausspielen wenn sie sich vom Mann mehr erwarten, die schlechteren Karten.
Daher wird eine sinnliche Frau als Konkurrentin gesehen, weil sie für einen Mann ein leichtes Mädchen ist, und das ganz ohne Verpflichtungen.
Viele Frauen verkaufen sich und wollen als Gegenwert eine Beziehung. Sie befürchten ihren Mann an eine Dame, die nur Sex will, zu verlieren.
Und daher wird eine lustvolle Frau die Sex liebt und ohne Gegenleistung gewährt als Flittchen degradiert.

Anständige Frauen sollten versuchen auch Spaß und Genuss beim Sex zu empfinden und Sex nicht als Belohnung für den Mann betrachten oder als notwendiges Übel um den Mann zu halten.
Dann kämen alle Frauen der sexuellen Gleichberechtigung endlich etwas näher!

Kommt sie oder kommt sie nicht?

Nach dem Sex fragen Männer ihre Frauen ob sie einen Orgasmus hatte und ob es denn gut für sie war.

Der Mann hat, sobald er ejakuliert und der Penis abschlafft, mit dem Sex abgeschlossen und fragt aus einem einzigen Grund:
Er will wissen ob er sie glücklich gemacht hat.

Diese Frage ist für eine Frau nicht angenehm.
Männer glauben, dass sie einer Frau unbedingt einen Orgasmus bescheren müssen.
Ein Mann denkt, wenn er die Frau nicht zum Orgasmus bringt hat er seinen Job nicht gutgemacht.
Das ist Unsinn!

Eine Frau schläft mit ihrem Mann weil sie ihn begehrt und liebt.
Sie verschwendet keine Gedanken daran ob sie zum Orgasmus kommt.
Sexualität ist für die Frau Intimität auf höchster Stufe weil sie damit Nähe und Zärtlichkeiten assoziiert.
Auch wenn sie keinen Höhepunkt erreichen konnte, wird sie die Vereinigung mit dem Mann den sie liebt als schön empfinden.

Männer warten jedoch darauf dass die Frau einen Orgasmus hat und bemühen sich verbissen ihr diesen zu verschaffen. Die Frau hat dann den Druck den Höhepunkt zu erreichen und kommen zu müssen.
Die meisten Frauen wollen den Mann nicht kränken und bestätigen den Orgasmus, auch wenn er nicht vorhanden war, dass ist auf Dauer natürlich frustrierend.
Wenn der Orgasmus vorgespielt wird sieht ja der Mann keinen Grund seine Praktiken zu ändern, denn
er glaubt die körperliche Liebe ist auch für sie erfüllend.

Frauen sagen nicht was sie wollen weil sie es meist selbst nicht wissen oder sie schämen sich ihre Wünsche zu offenbaren.
Bei Zärtlichkeiten entspannt sich die Frau, beim Geschlechtsverkehr verliert sie die Lockerheit.

Der Weg zum Orgasmus funktioniert aber nur über das Hochschaukeln der Erregung und nicht wenn sich die Frau verkrampft.
Denn ein Orgasmus ist mit Anspannung nicht möglich.

Manche Frauen erreichen in ihrem Sexualleben nie einen Orgasmus und zweifeln an ihrer Fähigkeit je einen zu erleben.
In Sexfilmen stöhnen sich die Frauen zum Höhepunkt und lechzen nach weiterer Befriedigung.
Sie bäumen sich auf, kratzen, beißen und die Geilheit steht ihnen förmlich ins Gesicht geschrieben.
In solchen Filmen wird der Orgasmus völlig überbewertet und die Männer glauben, ohne Höhepunkt ist der Sex nicht vollständig.

Aber viele Frauen kommen gar nicht in diese Ektase der Wollust und sie haben nicht das Bedürfnis den Mann mit lustvoll geöffneten Lippen und den erregend falschen Brüsten scharf zu machen.
Sie spüren nie dieses Gefühl der Beglückung, dass in den Medien ständig als einzigartig und unübertroffen dargestellt wird.
Frauen wissen oft nicht wie sich ein Orgasmus anfühlt oder wie sie zum Höhepunkt kommen.

Die Sexualität sollte nicht auf Lügen aufgebaut sein, wenn die Frau einen Orgasmus will muss sie auch darüber sprechen und den Mann mitteilen was ihr gut tut.

Männer haben keine Ahnung dass sie eine Frau nicht befriedigen oder Dinge tun die sie als unangenehm empfindet.
Wenn Gespräche nicht helfen, kann die Frau selbst beim Liebesspiel Hand anlegen oder seine Hand dorthin führen sie es erregend findet.

Schlimm ist, wenn der Mann fragt ob er gut war.
Von diesem Narzissten sollte man sich sofort trennen, denn so ein Mann ist nicht nur im Schlafzimmer egoistisch.

Sex sollte man nie als Streitpunkt benützen:

Bei Meinungsverschiedenheiten sollte man nie die schlechte Sexualität mit einbeziehen um den Partner zu demütigen.

Eine Frau die bei einem Streit ihrem Partner vorwirft das er sexuell nichts zu bieten hat oder sie nicht befriedigen kann, läutet mit Sicherheit das Ende der Beziehung ein.
Ein Mann der sich nicht vollkommen von seiner Frau in seiner Sexualität bestätigt fühlt, wird sich von ihr zurückziehen und in weitere Folge den Sex mit ihr nicht mehr vollziehen.
Dann wird er sich eine andere Partnerin suchen, die ihm Anerkennung für seine sexuelle Leistung zollt. Nichts ist für einen Mann wichtiger, als dass er seinen Mann steht.

Auch für eine Frau ist es erniedrigend, wenn er sie im Zuge eines Streits frigide oder unattraktiv nennt und ihr vorwirft dass sie ihn nicht mehr erregt.
Sie wird dann keine Lust mehr haben mit ihm zu schlafen und sich völlig verweigern.
Und irgendwann wird sie die Liebe und ein erfülltes Sexualleben in einer anderen Beziehung finden.

Versöhnung im Bett funktioniert nicht:

Wenn Paare streiten versucht der Mann seiner Frau im Schlafzimmer wieder nahe zu kommen.

Das wird kaum gelingen, denn eine Frau ist nach einer Auseinandersetzung in ihren Gefühlen verletzt und muss in der Regel erst einmal Abstand gewinnen.

Dem Mann fällt es schwer sein Unrecht einzugestehen, also versucht er die Versöhnung über die Sexualität.
Sexuelle Annäherungsversuche sind für ihn eine Entschuldigung, denn er hofft dadurch, dass sie den Streit vergisst und ihn wieder liebt.
Denn einen noch größeren Liebesbeweis als sein sexuelles Begehren kann er ihr nicht geben.

Eine Frau geht selten auf so einen Deal ein, wenn Liebe in Hass umgeschlagen hat, kann sie mit dem Mann nicht sexuell verkehren.
Versöhnung funktioniert bei der Frau über Gespräche, beim Mann über Sex.

Nachsatz:

**Ganz gleich wie Männer und Frauen zu Sex stehen, Fakt ist: Sex macht Spaß, Sex ist Nähe und Sex macht glücklich.
Last but not least: Ohne Sex gebe es keine Kinder.**

Vorspiel, Mundverkehr und andere sexuelle Praktiken

Ohne Vorspiel geht gar nichts, weder beim Mann und schon gar nicht bei der Frau.
Sex beginnt mit lustvollen Gedanken und einem Spiel von verschiedenen, sexuellen Praktiken um die Erregung herbeizuführen.

Damit er eine Erektion bekommt und sie feucht wird um dann den Geschlechtsverkehr vollziehen zu können.

Kuscheln:

Der Mann:

Sie ist nackt und hat die Augen geschlossen. Ich streichle sie von der Schulter bis zur Hüfte und spüre ihre warme, weiche Haut.
Meine Hand gleitet über die Rundungen und die Finger über ihre Brüste.
Ich küsse ihre Brustwarzen und streichle sie weiter, sie sucht mit ihren Lippen meinen Mund.
Sie küsst mich zärtlich, ich bemerke meine Erregung und stoße unabsichtlich mit meinen strammen Lustspender an ihre Hüfte, sie drängt sich ganz nah zu meinem Körper. Ihre Hand streichelt meinen Rücken und mein Gesäß, dann fasst sie mir an den Penis.
Ich will Sex!

Die Frau:

Ich bemerke wie er zu mir unter die Decke schlüpft und mich sanft im Nacken küsst. Er fasst mich um die Taille und zieht mich zu sich.
Ich lasse die Augen geschlossen. Meine Sinne sind geschärft, ich rieche sein Rasierwasser, spüre seine tastenden und sanften Hände, seine weichen Lippen und den warmen Atem.
Er streichelt meine Brüste, ich wende mich zu ihm und kuschle mich in seine Arme. Wir küssen uns, zuerst sanft und dann leidenschaftlich.

Er wird fordernder und legt seine Hand zwischen meine Beine.
Ich bemerke sein hartes Glied und fühle wie die Lust in mir hochkriecht.
Ich will Sex.

Das wäre der Idealfall, meist passiert aber folgende Geschichte:

Der Mann hebt die Decke und legt sich nah zu ihr. Sie spürt einen Widerwillen gegen seine Nähe, denn sie ist müde.
Ihr Tag war geprägt von einem launischen Vorgesetzten, der Haushalt ist eine Sisyphusarbeit und die Kinder machten Ärger.
Sie sucht im Schlaf die einzige Erholung die ihr bleibt. So sieht ihr Tag aus.

Er ist nicht müde. Die Arbeit macht seine Sekretärin, der Sport mit seinen Freunden endete mit einer Lokalrunde und jetzt will er Sex. So sieht sein Tag aus.

Er zieht sie an sich, sie denkt nur noch an Schlaf und will keinen Sex.
Sie sagt: „Ich bin müde und will schlafen".
Die Worte, „Ich will jetzt keinen Sex", vermeidet sie, denn sie kennt seine Antwort.
„Wann willst du dann mit mir schlafen, liebst du mich nicht mehr?"
Also schweigt sie weil sie mitten in der Nacht keine Diskussion will.

Er rückt noch näher an sie ran. Durch seine Körperwärme beginnt sie zu schwitzen und ihr Nachthemd wird feucht.
Er interpretiert es falsch und denkt sie ist heiß!
Am liebsten würde sie sich das Nachthemd vom Leib reißen, aber das würde für ihn einer Aufforderung gleichkommen.
Kein Stoff zwischen ihren nackten Körpern, freie Fahrt für ihn direkt zum Ziel.
Also lässt sie das Nachthemd an und schwitzt weiter.
Er flüstert: „Du bist ja ganz heiß, komm ich helfe dir beim ausziehen".
Sie fügt sich willig bevor sie an einem Hitzeschlag stirbt und befreit sich mit seiner Hilfe von der Schlafkleidung.
Sie hat es noch nicht einmal ausgezogen, schon greift er auf ihre rechte Brust.

Hier kommen sich viele Frauen vor wie Automaten. Ein Griff auf die Brust, ein anderer zwischen die Beine, ein flüchtiger Kuss auf die Wange und jetzt sollte sie doch erregt sein! Sie ist es nicht!

Sie wird hysterisch und schreit: „Lass mich in Ruhe, ich will schlafen!"
Er nennt sie hysterisch und dreht sich um, Sekunden später ist er eingeschlafen.
Sie liegt noch lange wach und ärgert sich über seine Lieblosigkeit und sein egoistisches Verhalten.
Leider Alltag in vielen Schlafzimmern.

Paare nehmen sich nicht genügend Zeit.
Der Sex wird vor dem dringend benötigten Schlaf noch schnell eingeschoben.
Körperliche Liebe wird zur Nebensache, wie das Essen beim Fernsehen.
Menschen verlernen durch den Zeitmangel Sex zu genießen und erleben dadurch unbefriedigende Sexualität.

Liebespiele vor dem Sex sind wichtig und steigern die Erregung wie folgende Vorspiele:

Oraler Sex:

Der Mund, die Zunge, die Zähne und die Lippen sind sanfte, warme, feuchte und sinnliche Vergnügen mit denen man den Partner hohe Lustgefühle bescheren kann.

Kuss:

Wir küssen auch unsere Freunde und Verwandten, aber nur auf die Wangen.
Auf den Mund und mit der Zunge küssen wir nur den Partner.

Mit dem Kuss fängt in der Regel alles an:

Die erste körperliche Berührung, die Einleitung der sexuellen Spielchen und der Beginn einer Beziehung.
Lange und intensive Küsse sind intimer als Sex und zeugen von der Verliebtheit zwischen zwei Menschen.

Küsse drücken die Gefühle aus, die wir für den anderen empfinden, sie sind erregend und die erste orale Stimulation, wenn man jemanden liebt.
Nicht nur der Mund wird geküsst, sondern auch die erogenen Zonen.
Die Haut eines Menschen reagiert auf sämtliche Berührungen.
Der ganze Körper wird mit den Lippen und der Zunge liebkost.
Schön wäre es, wenn man davon Kenntnis hat, wo es der Partner am lustvollsten empfindet.

Penis:

Der Mann mag Küsse die nahe an seinem Penis liegen, also die Innenseiten der Oberschenkel und die Lenden und natürlich die Küsse auf den Penis, der mit Abstand die empfindsamste Zone des Mannes ist.

Männer lieben die Stimulation mit Mund, Zunge und Zähnen.
Dieser zarte Mundverkehr wird von Männern noch intensiver empfunden als die Penetration. Die Mundhöhle ist zwar genauso feucht und warm wie die Scheide, aber die Frau kann mit ihrem Mund wesentlich mehr zärtliche Praktiken anwenden.
Durch das Umschließen der Hand und das zusätzliche Aufnehmen des Penis in den Mund kann die Frau ein ähnliches, jedoch intensiveres Gefühl der Umklammerung wie beim Geschlechtsverkehr hervorrufen.
Viele Männer bevorzugen sogar den Mundverkehr gegenüber dem Geschlechtsverkehr.
Sie werden verwöhnt, können sich hingeben und die aktive Rolle abgeben.
Männer genießen diesen besonderen Sex weil er nicht anstrengend ist und sehr gut tut.
Der Penis ist für einen Mann etwas ganz wichtiges.
Ein Lustspender für ihn und für sie.

Manche Frauen haben Probleme damit einen Penis in den Mund zu nehmen. Sie finden es unangenehm oder ekelhaft oder haben moralische Bedenken das zu tun. Möglicherweise hatten sie auch schlechte Erfahrungen mit oralen Sex.
Wenn die Frau den Penis in den Mund nimmt, sind Männer meist so erregt, dass sie der Frau das Glied zu weit hineinschieben um das Gefühl noch intensiver auszukosten.

Frauen verspüren dann einen Brechreiz und versuchen reflexartig den Penis loszuwerden.
Hier sollten Männer den Frauen freie Hand lassen.
Körperhygiene sollte selbstverständlich sein, bevor man mit dem Liebespiel beginnt und besonders mit dem oralen Sex.
Alles andere ist eine Zumutung für die Frau.

Der Penis ist nicht unappetitlich, er ist ein sehr wichtiger Teil für den Mann und nichts wünscht sich der Mann mehr wenn man seinem kleinen Mann besondere Aufmerksamkeit schenkt.
Und eine Zuwendung mit dem Mund ist für einen Mann sehr erfüllend.
Meist ist der Penis bereits steif wenn die Frau ihn in den Mund nimmt. Manchmal ist er noch schlaff, aber die Berührung mit dem Mund lässt ihn schnell wachsen.
Eine Frau kann dies als Standing Ovation betrachten, also ein Ausdruck des Gefallens und des Beifalls von Seiten des Mannes.

Manche Frauen werden erregt wenn sie den Penis im Mund haben und manchen gefällt es wenn sie den Mann so beherrschen können.
Bei der Mundarbeit kann die Frau den Penis behutsam in den Mund nehmen, den Kopf dabei auf und ab bewegen und ihn dadurch stimulieren. Sie kann mit der Zunge die Eichel umkreisen, daran saugen, vorsichtig die Haut zwischen die Zähne nehmen und wieder loslassen und so mit dem Penis spielen.
Auch die Hoden kann man ins Liebesspiel mit einbeziehen, sie ganz in den Mund nehmen oder mit der Zunge streicheln.

Für Männer ist die Befriedigung mit dem Mund ein Liebesbeweis ihrer Frau, denn oraler Sex ist Intimität und Vertrauen auf höchster Ebene.
Ob der Mann auch in den Mund der Frau ejakuliert, müssen beide Partner absprechen. Wenn die Frau das nicht will, sollte er das akzeptieren. Das Sperma schmeckt meist ein wenig bitter, es ist ein natürliches Sekret und nicht schädlich wenn man es schluckt. Wenn der Mann in den Mund ejakuliert kann es sein dass der erste Schuss einen Brechreiz auslöst, weil sich der Mund plötzlich füllt.
Die Frau kann das Sperma aus dem Mund fließen lassen, wenn sie es nicht schlucken will.

Auch das sollte der Mann akzeptieren.
Wenn man das Sperma in die Augen kriegt, brennt das und sollte daher vermieden werden.
Selbstverständlich kann man den Partner auch mit Kondom oral befriedigen.
So intensiv und angenehm wie ohne Kondom ist es für ihn natürlich nicht.
Meist ist oraler Sex jedoch nur das Vorspiel zum Geschlechtsakt.

Brust:

Im Gegensatz zur männlichen Brust ist die Frauenbrust eine außergewöhnliche erogene und empfindliche Stelle.
Frauen finden es sehr erregend wenn ein Mann ihre Brust mit seinem Mund liebkost, die Brustwarzen in den Mund nimmt und daran saugt und Männer tun das gerne.
Die Brust der Frau ist eines der erotischsten Merkmale an ihrem Körper und wird daher meist ins Liebesspiel einbezogen.
Die Brustwarzen können ganz sanft zwischen die Zähnen genommen werden und mit der Zunge umkreist werden, auch Küsse werden als angenehm empfunden.

Frauen deren Brust nicht mehr schön ist, etwa durch eine Schwangerschaft oder das fortgeschrittene Alter, lehnen eine Liebkosung durch den Mann manchmal ab weil sie sich schämen.
Männer lieben Brüste auch wenn sie aus der Form geraten sind, sie fassen sie gerne an und spielen damit weil sie die weibliche Brust sinnlich finden.

Vagina:

Der Scheideneingang wird von Männern manchmal mit einer duftenden Blume verglichen und der Anblick ist für sie erregend.
Manche Frauen haben Angst davor dass ihre Vagina nicht gut riecht, auch wenn sie gerade geduscht haben und wollen nicht dass der Mann sich oral nähert.
Natürlich hat das Sekret dass bei der Erregung erzeugt wird und die Scheide feucht macht einen eigenen Geruch, aber Männer finden diesen Geruch angenehm.
Außerdem schämen sich Frauen, weil sie glauben ihr Scheideneingang ist nicht schön oder entspricht nicht der Norm.

Schamlippen können ungleich groß sein oder sehen verschieden aus, auch die Farbe kann variieren.
Da die Scheide verborgen ist, können Frauen sich nicht mit anderen Frauen vergleichen und sind daher unsicher ob ihre Vagina auch so in Ordnung ist.
Frauen sollten es einfach genießen wenn sie oral verwöhnt werden, denn Männer machen nichts was sie nicht mögen und wenn sie eine Frau nicht oral stimulieren wollen dann tun sie das auch nicht.

Fingerfertigkeit:

Die dritte Wunderwaffe des Mannes, neben dem Penis und den Mund, sind seine Finger. Mit diesen kann er die Frau liebevoll stimulieren, leicht oder fest, anpackend oder zärtlich.
Die Finger können streicheln und eindringen und sie sind für das Vorspiel unerlässlich.
Auch die Hände sind ein Meisterwerk für Berührungen. Sie massieren die Brüste, streichen übers Haar und helfen bei der mechanischen Stimulation um die Frau zu erregen und Männer können dabei wahre Virtuosen sein.

Eine Frau kann mit ihrer Fingerfertigkeit den Mann ganz ordentlich in Wallung bringen. Sie kann seine Hoden sanft massieren und seinen Penis streicheln und umfassen.
Sie kann sein Glied mit rhythmischen Bewegungen ihrer Hand so bearbeiten, bis er zur ganzen Pracht aufgerichtet ist.
Die Hände können seinen ganzen Körper zärtlich oder beherrschend anfassen.
Oft wird mit der Hand bereits der Orgasmus herbeigeführt.

Analverkehr:

Nicht nur Homosexuelle betreiben Analverkehr, auch manche Heterosexuelle finden Analverkehr schön. Eine Frau kann es durchaus stimulierend finden wenn der Mann sie penetriert und gleichzeitig seine Finger in ihren Anus steckt.
Auch der heterosexuelle Mann kann es befriedigend finden mit einem Vibrator oder einem Finger penetriert zu werden.
Aufgrund des nicht keimfreien Afters sollten unbedingt Kondome benützt werden.

Durch Analverkehr und das anschließende Einführen des Penis in die Vagina kann es zu bakteriellen Infektionen kommen.
Also zwischen Analverkehr und Geschlechtsverkehr Kondom wechseln!

Analverkehr ist eine Spielart, wenn beide daran Gefallen finden ist das völlig in Ordnung. Wenn einer jedoch diese Praktik ablehnt, muss der Partner davon Abstand nehmen.

Reizwäsche:

Eine Frau in aufreizenden Dessous macht einen Mann schärfer als wenn sie nackt wäre. Man sieht fast alles, aber doch sieht man nichts.
Reizwäsche regt die Fantasie an und ist meist erotischer als nackte Tatsachen.
Viele Männer wünschen sich das ihre Frauen sexy Unterwäsche tragen, zumindest beim Sex.
Sie finden es aufregend wenn sie der Frau langsam und spielerisch die Reizwäsche ausziehen können.

Wie schnell kann die Erektion jedoch abschlaffen, wenn die Frau Unterwäsche, Marke Oma, trägt.
Besonders beim ersten Mal kann das Liebesspiel zum Desaster werden wenn die Frau sich den Mann mit Mieder statt String zeigt.
Und Männer mit weißen Rippunterhosen können eine Frau in die Flucht schlagen.

Der Körper der nicht aufreizend präsentiert wird, verliert die erotische Ausstrahlung.
Die Frau sollte beim Sex tragen was ihr und ihm gefällt, das können Strapse sein, ein Korsett, Gummi, Leder, Schuhe, die Möglichkeiten sind fast unbegrenzt.
Mit Reizwäsche kann die Frau den Mann erregen und er wird es mit Standfestigkeit belohnen.

Sexspielzeug:

Frauen die Sex lieben, mögen auch Sexspielzeug.

Das beliebteste Spielzeug ist der Vibrator.

Dem Penis im Aussehen und der Beschaffenheit sehr ähnlich kann er auch noch vibrieren, rütteln und stoßen. Gute Vibratoren sind stabil genug um sie einzuführen und weich genug um sich der Vagina anzupassen. Zusätzlich kann eine Frau große Lustgefühle durch die Vibrationen entwickeln.
Ein Mann der beim Vorspiel die Partnerin mit einem Vibrator stimuliert und sie mit Hilfe dieses Spielzeuges zum Orgasmus bringt, wird in der Regel nachher eine bereits sehr feuchte und sehr erregte Frau penetrieren können.
Frauen sind fähig multiple Orgasmen zu haben und solange sie nicht erschöpft sind, wird das Verlangen nach weiteren Orgasmen vorhanden sein.
In dieser Phase ist es möglich mit dem Mann gleichzeitig zum Höhepunkt zu kommen, was der Frau durch die längere Anlaufzeit einer Erregung, normalerweise nicht so gut gelingt.
Das Vorspiel dient also dazu, damit ein Paar mit der gleichen Intensität zum Höhepunkt kommen kann.
Auch bei einem Mann kann man einen Vibrator einsetzen.
Das sanfte Vibrieren fühlt sich am Penis und den Hoden oder in der Nähe seiner Geschlechtsorgane angenehm und lustvoll an.

Bei Sexspielsachen ist die Auswahl fast unerschöpflich.
Hier gibt es Dildos, das ist ein Gummipenis ohne Vibration in allen Variationen, Größen und Farben, Liebeskugeln, Gummipuppen, Gleitgels und vieles mehr.
Alles hier aufzuzählen und zu beschreiben würde den Rahmen sprengen.
Sexspielzeug ist eine Ergänzung des Liebesspiels.

Pornofilme:

Männer sehen gerne Pornofilme, sie finden sie erregend und unterstützend beim Aufbau einer Erektion und bei der Masturbation.
Pornodarsteller zeigen ein enormes Stehvermögen und sind immer gut bestückt. Das kann zu Verwirrung bei Männern führen, denn kaum ein Mann schafft es so lange eine Frau zu penetrieren.
Viele wissen nicht dass die Schauspieler mit Injektionen oder Medikamenten so präpariert sind dass sie eine Dauererektion haben und jeder weiß dass ein Film nicht in einem Stück gedreht wird.

Pornofilme sind daher nicht realitätsnah, aber sie fördern die
Lust. Einen Film in das Vorspiel einzubauen wird gerne gemacht,
vor allem von Männern.
Leider sind viele Pornofilme frauenverachtend, sie stellen die
Frau als verfügbar und untergeben dar
und den Mann als herrschend.
Darum lehnen viele Frauen solche Filme ab und finden diese
eher abstoßend als erregend. Einige Frauen finden solche Filme
interessant und lassen sich mitunter inspirieren.

Macht und Unterwerfung:

Manche finden es erregend zu beherrschen oder beherrscht zu
werden.
Sado/Maso Spiele werden in vielen Beziehungen ausgelebt.

Paare sind sich meist einig, wer der Herr ist und wer der
Unterwerfende. Meist ist es die Frau die eine devote Ader hat,
aber auch Männer können daran Gefallen finden, der Frau zu
dienen.
Der Charakter eines Menschen hat mit dieser sexuellen
Orientierung nichts zu tun, besonders selbstbewusste Menschen
suchen die Erfüllung in der Unterwerfung.
Männer mit solchen Neigungen gehen zu einer Domina um sich
diesen besonderen Kick zu holen. Sie haben Angst ihrer
Partnerin diese Neigung zu gestehen und leben sie anderweitig
aus.

Einige Frauen lieben Fesselspiele, wagen aber nicht dem Partner
diesen Wunsch zu offenbaren.
denn sie fürchten er könnte es falsch verstehen und es als ihre
dunkle, abnorme Seite interpretieren.
Daher ist es wichtig in einer Partnerschaft sehr offen mit Sex
umzugehen, denn der Partner ist doch der größte Vertraute im
Leben.

Man muss ja nicht mit der Holzhammermethode seine Fantasien
preisgeben, man kann sich auch vorsichtig an dieses Thema
heranwagen.
Etwa wenn man sich selbst unterwirft und dann erzählt wie einem
das erregt hat.
Irgendwann und zu einem gut gewählten Zeitpunkt sollte man

aber dem Partner seine geheimen Wünsche gestehen, um beim gemeinsamen Liebesspiel auch Erfüllung zu finden.

Wieder gilt, beide müssen es wollen!
Wenn man die Hände gebunden hat oder am Bett bewegungslos festhängt ist man den Partner ausgeliefert.
Er kann tun was er will ohne mit Gegenwehr rechnen zu müssen.
Manche lassen sich auch noch knebeln und können sich dadurch weder körperlich noch verbal zur Wehr setzen.
Fesselspiele setzen daher großes Vertrauen voraus.
Manche haben Probleme sich völlig hinzugeben, aus Scham oder Hemmungen.
Bei Fesselspielen werden diese Gefühle ausgeschaltet, man muss sich hingeben, weil man keine andere Wahl hat und das findet man befreiend.

Frauen haben dabei keinen Einfluss auf das was kommt und geschieht und das erhöht den Reiz und erregt sie.
Männer empfinden genauso, sie müssen passiv bleiben und können ihre aktive, meist dominante Rolle ablegen.
Sexuelle Überraschungen versprechen lustvolle Aufregung und Spannung.

Bei Fesselspielen muss vorher abgesprochen werden wie weit der Partner gehen darf, und wo die Grenzen liegen.
Denn das Liebespiel sollte keinesfalls schmerzhaft werden oder sogar ängstigen.

Fazit:

Mit unterschiedlichen Liebesspielen, Fingerfertigkeit, erregenden Filmen, verschiedene Stellungen, scharfen Dessous kann man sein Liebesleben sicher bereichern und ergänzen.
Frauen haben manchmal Angst davor, etwas zu tun oder zu wollen dass nicht der Norm entspricht.
Sie glauben ihr Partner würde sie für sexuelle, außergewöhnliche Wünsche verachten.
Männer haben geheime Fantasien die sie nicht offenbaren oder auszuleben um nicht als pervers zu gelten.
Beide sollen über ihre Vorlieben reden und versuchen diese ins Liebespiel einzubinden.

Denn im Leben bereut man nicht das was man getan hat,
sondern das was man nicht getan hat,
Wenn jedoch die Liebe nicht mehr vorhanden ist und der Partner
völlig gleichgültig geworden ist nützen alle Hilfsmittel nichts.
Die Erotik stellt sich nicht ein und die Lustlosigkeit wird nicht
weichen wenn die Seele nicht mitspielt.

Nachsatz:

Erst durch die Liebe wird der Liebesakt erfüllend.

Orgasmus, ein sexuelles Highlight?

Der Weg zum Orgasmus:

Erregung entsteht durch Gedanken, also zuerst im Gehirn und dann in den Genitalien.
Der Puls steigt, die Pupillen weiten sich und die Haut sondert Schweiß ab.

Männer denken an Sex, der Penis bekommt durch die Erregung eine erhöhte Blutzufuhr, dadurch richtet er sich auf und wird hart.
Der Mann bekommt eine Erektion.

Bei Frauen füllen sich die Schamlippen und die Klitoris mit Blut, schwellen an und werden größer. Durch die Erregung wird die Scheide feucht. Bei manchen Frauen reichen lustvolle Gedanken, bei den meisten stellt sich erst durch das Vorspiel das Verlangen nach Sex ein.

Männer und Frauen sind sich in der Beschaffenheit der Geschlechtsteile sehr ähnlich, auch der Klitoris, auch Kitzler genannt ist länger als viele vermuten.
Der Klitoris geht einige Zentimeter verborgen nach hinten und ist eingebettet. Nur die kleine Spitze sieht man, wenn man das Häutchen zurückschiebt.
Wenn Frauen männliche Hormone nehmen, fängt der Klitoris zu wachsen an und wird zu einem kleinen Penis.

Mann und Frau sind von Natur aus gar nicht so unterschiedlich wie angenommen.
Trotzdem ist es immer wieder ein Problem gleichzeitig einen Höhepunkt herbeizuführen.
Der Mann kann meistens nicht so lange penetrieren wie es für die Frau notwendig wäre um einen Orgasmus zu erreichen.
Er kommt in der Regel früher als die Frau.

Für einen Mann ist der Orgasmus das Ziel der Sexualität und dieses will er möglichst schnell erreichen.
Für eine Frau ist der Weg zum Orgasmus von Bedeutung. Sie will daher möglichst langsam die Sexualität vollziehen weil es bei ihr länger dauert um erregt zu werden. Daher ist ein Vorspiel so wichtig um auch die Frau bis zum Höhepunkt zu bringen.

Erst wenn die Frau vor dem Geschlechtsverkehr nicht nur feucht sondern richtig erregt ist, gelingt es ihr auch zum Orgasmus zu gelangen.

Wie läuft der Orgasmus nun genau ab?

Orgasmus beim Mann:

Durch die Stimulation mit der Hand oder oralen Sex oder dem Geschlechtsverkehr erreicht der Mann den Höhepunkt.

Der Mann hat einen sichtbaren Orgasmus, man sieht es wenn er einen Samenerguss hat.
Er spürt ein Prickeln im Penis und das „Kommen" wenn er ejakuliert.
Das Sperma wird stoßweise in zwei oder drei Schüben aus dem Penis tief in die Vagina geschleudert und zur Gebärmutter weitergeleitet.

Ein Orgasmus ist nicht immer gleich, manchmal kommt er heftig, manchmal leicht und die Menge der Samenflüssigkeit variiert.
Nach dem Höhepunkt verliert das Glied seine Härte und wird wieder kleiner.

Wenn der Mann einen Orgasmus hat, bemerkt das die Frau nicht unmittelbar.
Aber sie spürt wie es in der Scheide nass wird, der Penis abschlafft und das Sperma später aus ihrer Scheide fließt.
Eine Frau kennt den Unterschied zwischen Sperma und ihrer Feuchtigkeit. Das Sperma ist klebrig, dickflüssig und weißlich. Ein Orgasmus der Frau ist eher flüssig, klar oder weißlich.

Orgasmus bei der Frau:

Bei der Frau gestaltete sich der Orgasmus etwas anders.

Durch das Vorspiel, also Küsse und Berührungen an erogenen Zonen, löst das bei der Frau einen angenehmen Reiz im Scheidenkanal aus.
Dieser Reiz fühlt sich ungefähr so an wie wenn man im warmen Wasser liegt und der Körper angenehm sanft umspült wird.

Nur spürt sie dieses warme, wohlige Gefühl in der Scheide und an den Schamlippen und bemerkt wie sie feucht wird.
Das fühlt sich erregend gut an und man bekommt Lust auf Sex.

Um den Geschlechtsakt vollziehen zu können, muss die Frau feucht sein.
Ansonsten ist der Sex für sie schmerzhaft, weil die Scheide noch zu eng und zu empfindlich ist, einen Penis aufzunehmen.

Auch der Penis benötigt eine Gleitfähigkeit um eindringen zu können, weil der Mann durch die Reibung Schmerzen empfinden kann.
Also je mehr die Vagina feucht ist, je angenehmer ist der Sex.

Bei der Penetration wird ein Reizgefühl ausgelöst, das durch die Bewegung des Penis oder des Fingers gesteigert wird.
Wenn die Scheide der Frau feucht genug ist, tut das nicht weh, im Gegenteil, es ist eine angenehme Stimulation und verlangt nach immer festerer und gesteigerter Penetration, weil es das gute Gefühl multipliziert.
Meist hebt der Mann die Frau auch etwas in die Höhe oder wechselt die Stellung um tiefer in sie eindringen zu können.
Dann wird der Mann den Rhythmus seiner Stöße erhöhen um zum Orgasmus zu kommen.
Durch das erhöhte Tempo und das tiefere Eindringen in die Vagina spürt auch die Frau einen stärkeren Reiz.

Sie hat dann das Gefühl als ob der Reiz kaum mehr zu ertragen wäre, die Scheidenmuskulatur löst sich und zieht sich zusammen, immer wieder, bis das Loslassen zum Orgasmus führt, der Reiz lässt nach und ein befriedigendes Gefühl stellt sich ein.

Die meisten Frauen spüren die Muskelkontraktionen nicht, manche helfen nach und ziehen die Muskulatur willkürlich zusammen, so wie wenn sie versuchen einen Harndrang zu unterdrücken.

Eine Frau kann so ihren Orgasmus steuern, zulassen oder hinauszögern, aber nur wenn der Muskel trainiert ist.

Je mehr Sex die Frau hat, je ausgeprägter ist die Scheidenmuskulatur. Durch eine Mitwirkung ihrer Muskeln kann sie schneller einen Orgasmus erreichen.
Dadurch kann sie ihn und sich selbst mehr Lustgefühle bescheren. Ein Orgasmus kann unterschiedliche Stärken haben, manchmal spürt die Frau nur ein angenehmes Gefühl, weil sich der Reiz löst.

Wenn sie einen Orgasmus hat, unterscheidet sich diese Flüssigkeit kaum von ihrer bereits vorhandenen Feuchtigkeit. Es ist also schwer, dass ein Mann den Unterschied aufgrund der Beschaffenheit erkennt.
Manche Männer glauben, dass bereits die Feuchtigkeit vor dem Geschlechtsakt der Orgasmus der Frau ist.
Das stimmt natürlich nicht.

Manche Frauen verkrampfen sich durch den gesteigerten Reiz in ihrer Vagina und entspannen sich nicht. Die Muskulatur kann sich dadurch nicht lösen und ein Orgasmus ist nicht möglich.

Und manchmal wenn die Frau sehr erregt ist und der Mann sie lange genug stimuliert, kann die Frau einen Orgasmus mit Ejakulation erreichen, wie der Mann.
Im Inneren der Scheide unmittelbar nach dem Scheideneingang sitzt eine Art Prostata, man kann sie sehen wenn die Frau sie mit der Beckenmuskulatur herausdrückt.
Es sieht aus wie ein kleines Polster das wie die Vagina mit Schleimhaut überzogen ist, darin gibt es Drüsen, die bei Frauen ein klares Sekret produzieren können.

Bei großer Erregung spürt die Frau dass sie kurz vor dem Orgasmus steht und den Druck auf ihre Art Prostata kaum mehr aushält.
Die Frau versucht den Mann loszuwerden indem sie seinen Finger oder seinen Penis aus ihrer Scheide zieht, weil der Mann durch sein Eindringen die Drüsen verschließt.
Dadurch ist es der Frau nicht möglich den Druck loszuwerden.

Sobald sie sich davon befreit hat und der Mann seinen Finger oder den Penis in diesen Moment rauszieht, spritzt wässrige Flüssigkeit aus der Scheide weil die Drüsen ihrer Prostata die Flüssigkeit herausschleudern.
Sie ejakuliert!
Wie ein Mann, der einen Samenerguss hat.

Manche Männer verstehen nicht warum die Frau sich ihrer Penetration entzieht und sind schockiert oder entsetzt wenn ruckartig wie von einer Wasserpistole, eine Flüssigkeit aus der Scheide der Frau herausspritzt.
Die Menge variiert von einigen Tropfen bis zu einigen Millilitern.
Männer glauben dann dass die Frau Harn verloren hat, das ist nicht so, es war eine Ejakulation.
Einige denken auch der Harn der Frau kommt aus der Scheide.
Das ist falsch.
Etwa zwei Zentimeter unterhalb der Klitoris sitzt die Harnröhrenöffnung, diese ist in der Geschlechtsregion eingebettet und ist nur stecknadelgroß sichtbar.

Auch Frauen wissen oft nicht was passiert ist und wundern oder schämen sich sogar über den plötzlichen Schwall Flüssigkeit.
Ein Orgasmus ohne Ejakulation ist nicht minder schön, aber ein Orgasmus mit Ejakulation fällt wesentlich heftiger aus.
Frauen können, im Gegensatz zum Mann, mehrere Orgasmen hintereinander haben.
Mit einer Ejakulation ist eine Frau völlig befriedigt und hat nicht das Bedürfnis nach weiteren Orgasmen, weil eine Ejakulation enorm anstrengend ist.
Danach ist sie erschöpft und müde und will, wie der Mann, einfach nur schlafen.

Solche Ejakulationen kommen nicht bei jedem Sexualkontakt zustande, weil die Frau in einen hohen Level der Erregung kommen muss.
Die Flüssigkeit ähnelt der des Mannes, natürlich ohne Samenzellen.
Auch ist diese Ejakulation nicht für die Fortpflanzung notwendig, so wie der Samenausstoß beim Mann.

Ziel des Orgasmus:

Ein Mann benötigt einen Orgasmus um eine Kind zeugen zu können. Für die Befruchtung der Frau ist also der Samenerguss nötig.

Eine Frau braucht für die Empfängnis keinen Orgasmus und trotzdem ist es ihr möglich einen zu bekommen.
Aber warum hat eine Frau dann einen Orgasmus?

Ein Orgasmus ist mit Lust verbunden, daher will der Mann Sex und dadurch entstehen Kinder.
Auch männliche Tiere würden sich ohne Lustgefühl nicht fortpflanzen und nur mit Erregung nötigen sie ein Weibchen zum Sex, aber nicht im Bewusstsein Nachwuchs zu zeugen sondern um ihren Trieb abzubauen.

Frauen erreichen einen Orgasmus weil sie dabei ebenso wie Männer Lust empfinden.
Für die Natur ist es daher förderlich wenn die Frau für den Sex bereit ist, weil der Höhepunkt auch ihr Lustgefühle beschert.
Durch den Orgasmus und den dadurch entstehenden Muskelkontraktionen, befördert sie das Sperma Richtung Eileiter. Die Befruchtung wird daher erleichtert und unterstützt.

Für die Frau ist der Orgasmus eine Belohnung für die körperliche Hingabe und trägt zu ihrem Wohlbefinden bei.
Frauen erreichen eher einen Orgasmus wenn sie den Partner begehren können, also wenn der Mann attraktiv ist. Dadurch wollen sie öfter Sex!

Orgasmus und Gefühle:

Bei der Aufklärung erfahren Teenager wie unglaublich gut ein Orgasmus ist.
Der Orgasmus wird als Höhepunkt eines körperlichen Genusses der Superlative beschrieben und erklärt. Ein Orgasmus ist das beste und schönste Highlight beim Sex.

Nur wenn ein Junge seinen ersten Orgasmus hat, ist er davon nicht so beeindruckt wie er es erhofft und erträumt hat.

Es ist zwar ein gutes, angenehmes Gefühl aber bei weitem nicht der ultimative Kick!
Eine Ejakulation, herbeigeführt mit der eigenen Hand oder mit einer Frau die ihm gleichgültig ist, kann nicht zu einem guten Orgasmus werden.
Junge Mädchen sind in ihren sexuellen Anfängen meist nicht fähig einen Orgasmus zu haben.
Obwohl sie in den Mann verliebt sind und mit ihm verkehren, verkrampfen sie sich beim Liebesspiel.
Aus Angst vor Schmerzen sind sie angespannt und unsicher.
Auch wenn ein Orgasmus im Laufe der Zeit erreicht wird ist dieser nicht so erfüllend wie sich die junge Frau das vorstellt.
Ein guter Orgasmus ist erlernbar und nur durch Hingabe und absolutes Vertrauen möglich.

Nachsatz:

Erst durch die Liebe und deren Gefühle wie Vertrauen und Akzeptanz, wird der Orgasmus zum höchsten Glück der Befriedigung.

Der große Mann will, der kleine Mann kann nicht

Wenn Männer die ersten Gehversuche in sexuellen Angelegenheiten versuchen, kann und wird vieles nicht so ablaufen wie es gewünscht oder geplant war.

Der Vorgang einer Erregung und der darauffolgenden Erektion ist simpel:
Durch sexuelle Reize wird das Sexualzentrum im Gehirn stimuliert und durch die Nerven im Rückenmark zum Penis weitergeleitet.
Die Schwellkörper im Penis füllen sich mit Blut und der Penis wird steif.
Eine Erektion ist ein unwillkürlicher Reflex und kann daher nicht durch den Willen erzwungen und herbeigeführt werden.
Solange die Erregung bestehen bleibt ist auch der Penis hart und der Mann schafft es ohne Probleme den Geschlechtsverkehr bis zum Orgasmus zu vollziehen.

Beim ersten Mal ist der junge Mann unglaublich nervös und auch sehr erregt, da kann es passieren das es bereits vor der Penetration seiner Partnerin zu einem vorzeitigen Samenerguss kommt.
Noch schlimmer ist es wenn sein Penis die Auferstehung verweigert.
Peinlich für ihn, verwirrend für das Mädchen.
Am liebsten würde er davonlaufen oder vor Scham im Erdboden versinken. Wenn das Mädchen auch noch darüber lacht oder aggressiv reagiert in dem sie ihm Vorwürfe macht, wird es die letzte Zweisamkeit der Beiden gewesen sein.
Das Selbstvertrauen des jungen Mannes ist erschüttert und seine Lust begraben.
Potenz und Selbstwert sind eng miteinander verbunden.

Für einen Mann der die Sexualität gerade entdeckt, können Erektionsprobleme eine Katastrophe auslösen und ihn sein ganzes Leben begleiten.
Ein junger Mann ist noch unreif und er muss in seinen Vorstellungen der dominantere und aktivere Teil beim Sex sein.
Wenn eine Frau seine Männlichkeit ins Lächerliche zieht wird er dieses Spiel nicht weiterspielen.

Er wird eher seine Beziehung abbrechen als sich nochmals dieser Entwürdigung auszusetzen.
Besonders in den Anfängen seiner Sexualität benötigt er das Vertrauen in seine Fähigkeiten.
Er will das Liebespiel leiten und beherrschen, wenn er das nicht kann, wird er es in Zukunft vermeiden.

Auch erfahrene Männer kämpfen mit Erektionsstörungen.
Das ist völlig normal und wird jeden Mann irgendwann einmal im Leben passieren.
Männer sind keine Automaten die auf Knopfdruck ihren Penis wachsen lassen, aber sie sind überzeugt, jederzeit zu können und zu müssen.
Wenn es dann nicht klappt, sind sie völlig irritiert und versuchen krampfhaft die Erektion wieder herzustellen, meist ohne den gewünschten Erfolg.
Je mehr sie sich bemühen, je mehr misslingt das Vorhaben, sie glauben versagt zu haben.

In solchen Fällen ist es wichtig eine verständnisvolle Partnerin zu haben.
Hier ist Einfühlungsvermögen und Geduld gefragt, keiner sollte den anderen die Schuld für dieses Missgeschick geben, es ist kein Versagen seiner männlichen Potenz und auch keine Schuld der Frau. Es sind die Nerven und die Gedanken die beim Sex eine große Rolle spielen.
Kann ich so wie ich will? Funktioniert es? Ist mit meinem Penis alles in Ordnung?

Diese Befürchtungen und die Erwartung als Mann nicht gut befunden zu werden, lässt die Muskeln anspannen. Dadurch reagiert der Körper mit einer evolutionären Reaktion.
Kampf oder Flucht!
Der Stress unterdrückt die sexuelle Erregung weil sie in dieser angespannten Situation nicht erwünscht ist.
Die Folge ist das Abschlaffen des Penis.

Die am meisten vorkommende Erektionsstörung ist der vorzeitige Samenerguss und nicht wie fälschlicherweise angenommen die Standfestigkeit des Penis.
Aber der viel zu schnelle Schuss wird meist nicht als Störung angesehen, weil der Penis ja funktioniert, zumindest kurzzeitig.

Eine Erektionsstörung besteht dann, wenn der Penis vor oder während der Penetration die Steifheit verliert und dieser Zustand bei jedem Beischlaf über einen Zeitraum von sechs Monate anhält.

Wenn der Mann an nicht erledigte Dinge denkt, oder ob er die Partnerin auch zum Orgasmus bringen kann wird die Lust weichen und somit die Erregungskurve abflachen.
Der Penis schlafft ab und es ist nicht mehr möglich den weichen Penis in die Vagina einzuführen oder den Geschlechtsverkehr durchzuführen.
Die Männer fühlen sich erbärmlich.

Für einen Mann bedeutet die Erektion dass er ein ganzer Mann ist und er verbindet den steifen Penis mit einem Teil seiner Identität.
Er will beweisen dass er seinen Mann steht und assoziiert seine Männlichkeit mit seinem funktionierenden Penis.
Bei Männern gibt es kaum ein größeres Tabu als Impotenz, es wird darüber geschwiegen weil es mit Versagensängsten behaftet ist.
Die fehlende Manneskraft ist für einen Mann eine enorme psychische Belastung, er fühlt sich nicht mehr männlich.
Männer sprechen nicht über Probleme, schon gar nicht wenn es die schwächelnde Potenz betrifft, sie sind nicht bereit sich dieser Sache zu stellen.
Nichts ist für einen Mann schlimmer wenn er seine Frau nicht mehr glücklich machen kann.
Er denkt, er ist nicht mehr funktionstüchtig und daher weniger wert.

Er verweigert lieber den Beischlaf und verzichtet auf Sex mit seiner Partnerin um sich nicht dieser Scham des „Nichtkönnen" auszusetzen und entwickelt hier Vermeidungsstrategien um seiner Frau auszuweichen.
Männer täuschen Kopfschmerzen vor, gehen viel später als die Partnerin ins Bett in der Hoffnung das sie bereits schläft oder erfinden lange Termine in der Firma um später müde nach Hause zu kommen.

Frauen bemerken diese Veränderung und glauben dass sie nicht mehr geliebt werden oder nicht mehr begehrenswert sind, oder dass ihr Mann eine Geliebte hat.
Daher versuchen sie die Ursache seines Rückzugs in einem Gespräch zu klären.
Meist ohne Erfolg weil der Mann abblockt, schweigt oder aggressiv reagiert.
Männer sollten sich nicht zurückziehen sondern das Problem angehen.
Gespräche mit der Partnerin und ein offener Umgang mit der erektilen Dysfunktion können helfen.
Frauen akzeptieren es wenn der Mann mal nicht in Stimmung ist und sein Penis daher nicht in Hochform, nur muss er es auch sagen.

Statt zu reden zieht der Mann sich zurück und masturbiert.
Bei der Selbstbefriedigung gelingt es ihm eine Erektion zu bekommen und auch aufrechtzuerhalten bis zum Orgasmus.
Hier weiß der Mann dass es keinen körperlichen Grund gibt, sondern die Ursache des Problems in der Psyche liegt.
Möglicherweise hat er Stress oder Sorgen, leidet unter Erschöpfung oder Depressionen, das alles kann eine Störung auslösen und bremst die Lust auf Sex.

Aber warum funktioniert es bei der Masturbation?
Das Leistungsdenken fällt weg!
Bei der Selbstbefriedigung muss er seine Standfestigkeit niemanden beweisen, beim Geschlechtsverkehr aber schon.
In unserer überaus sexualisierten Welt ist der Drang nach sexueller Erfüllung besonders groß, alles sollte perfekt ablaufen und oft stattfinden.
Männer wollen gute Liebhaber sein und das Klischee dass Männer immer wollen, können und potent sind, hält sich hartnäckig.

Daher kommt statt der Lust die Angst.
Angst zu versagen, nicht zu genügen, es nicht zu bringen!

Natürlich gibt es Hilfsmittel zur Steigerung des Stehvermögens.
Die Erektion kann durch Medikamente gesteuert werden und dadurch das massive Leiden des Mannes mildern.

Diese Tabletten sind wahre Wunderwaffen, sie bewirken eine harte Erektion und ausdauernden Sex.
Nach zwanzig Minuten steht der Penis und bleibt stehen, nach dem Orgasmus schlafft er ab um kurze Zeit später wieder hart zu werden, bis zu fünf Stunden lang.
Der Geschlechtsverkehr kann mehrmals bis zum Orgasmus betrieben werden.

Der Mann wird sich aber dadurch nicht männlicher fühlen, eher wird er sich eingestehen ohne das Medikament nicht zu funktionieren.
Die Erektion ist zwar unglaublich, aber es ist nicht seine, sondern es ist der Wirkstoff dieser Tablette und das Selbstbewusstsein wird eher geschwächt als gestärkt.

Und die Tablette heilt nicht die Ursache sondern nur die Symptome. Sie muss also immer wieder genommen werden, weil das Problem selbst, nicht therapiert wird.
Trotzdem kann dieses Medikament durchaus eine Hilfe sein, vor allem wenn er weiß, die Tablette liegt griffbereit und kann wenn es nötig ist, zur Unterstützung eingenommen werden.

Tabletten sind keineswegs die Hilfe für ältere Männer, nein auch sehr junge Männer greifen bereits zur lustversprechenden Pille.
Sie möchten bei einer neuen Eroberung die Frau nicht enttäuschen und schalten von vorhinein sämtliche Möglichkeiten einer Störung aus weil sie unbedingt Anerkennung erhalten wollen. Oder sie wünschen sich besonders lange zu masturbieren und die Pille soll ihnen dabei helfen.
Für diese Spiele ist das Medikament jedoch nicht gemacht und sollte daher nur mit Achtsamkeit und bei Impotenz genommen werden.

Auch mit einem Penisring der die Blutabfuhr bremst oder einer Vakuumpumpe die das Blut stauen lässt, kann der Mann zum Ziel kommen.

Männer müssen eine vollständige Erektion aufbauen um die Penetration zu vollziehen. Bei Frauen ist das wesentlich einfacher, sie müssen nur feucht werden um ein Eindringen des Mannes möglich zu machen. Hier kann leicht nachgeholfen werden, mit Speichel oder Gleitgel.

Viele Männer versuchen dem Dilemma zu entkommen in dem sie den Sex mit einer anderen Partnerin vollziehen.
Sie glauben die Ursache ihrer Impotenz liegt darin, dass die eigene Frau nicht mehr anziehend wirkt und sie daher nicht ausreichend erregt werden.
Meist bleibt es jedoch bei einem Versuch, weil der Penis auch bei der Neuen liegen bleibt.
Um die Erwartungen zu erfüllen wird mit verschiedenen Lustmachern experimentiert, wie Reizwäsche, Sexspielzeug und Pornofilme.
Sie versuchen damit die Leidenschaft zu entfachen und die Begierde zu erhöhen, aber meist bewährt sich auch das nicht.

Lösung:

Der Kopf muss sich von den Gedanken befreien unbedingt funktionieren zu müssen und der Sex sollte als Spiel betrachtet werden.
Ein Spiel mit Hand, Fingern und Mund.
Und vielleicht auch mit den Penis. Muss aber nicht!

Denken sie doch an ihre Jugend:

Das Erforschen, die Neugier, die heißen Küsse am Rücksitz des Autos, die zaghaften Berührungen, das sanfte Streicheln der Brüste. Es gab nur Petting, und doch war es die lustvollste und aufregendste Zeit in unseren Leben.
Betreiben sie Petting ohne es zum Geschlechtsverkehr kommen zu lassen und erleben sie wieder dieses schöne Gefühl der Erotik.
Lassen sie die Höschen an und trauen sie sich nein zu sagen, stoppen sie vor der Penetration.
Sex ist wichtig, doch wichtiger ist das Gefühl geliebt zu werden, halten sie sich in den Armen und spüren sie die Geborgenheit und das Vertrauen.

Frauen werden mitunter mehr erregt wenn sie berührt, gestreichelt und geküsst werden.
Eine Frau wird mit dieser Stimulation auch glücklich sein.
Der Geschlechtsakt muss nicht zwangsläufig stattfinden und mit dem Orgasmus abschließen.

Frauen suchen meist nur Nähe und Wärme des Partners, sie fühlen sich in seinen Armen wohl und zeigen ihre Liebe durch Küsse und Berührungen. Sie wollen einfach nur kuscheln.
Bei diesen Annäherungen glauben Männer sie müssen sofort zur Tat schreiten und befürchten wieder zu scheitern daher sollten Paare über ihre Bedürfnisse und Ängste reden.
Wenn der Mann das akzeptiert kann er wieder lustvoll und ohne Leistungszwang seine Sexualität genießen.
Nehmen sie es hin, wie ein Mann!
Alles Weitere wird sich wieder ergeben, früher oder später.

Nachsatz:

Eine Frau wird ihren Mann nie wegen seiner Erektionsprobleme verlassen.
Aber sie würde ihm nie verzeihen, wenn er ihr jede Art von Zärtlichkeiten verweigert, nur weil sein Penis streikt.

Penisgröße:

Der Mann ist begeistert von allem was groß ist.
Sein Haus, sein Auto, sein Boot, sein Bankkonto, die Brüste seiner Frau und natürlich sein Penis.
Diese nützlichen Dinge machen mächtig Eindruck auf andere Männer, mitunter auch auf Frauen.
Die Frau steht auch auf nützliche, große Dinge, zum Beispiel auf den Mann.
Nicht weil sie seine Körpergröße mit seiner Penisgröße assoziiert, sondern weil sie sich beim großen Mann beschützt und geborgen fühlt.

Manche Frauen bevorzugen einen kleinen Penis, aber die meisten Frauen wünschen sich einen Mann mit einem großen Penis.

Nur wenn die Frau einen Mann kennenlernt, hat sie keine Ahnung ob der Mann gut bestückt ist und ob sein Lustspender auch wirklich Lust spendet.

Also wendet die Frau die gängige Methode an und verlässt sich auf ihre Intuition und den äußeren Reizen des Mannes: Groß und athletisch, männliche und kantige Gesichtszüge, gepflegte Erscheinung, gute Manieren, charmant und ein Hirn für die Unterhaltung. Diese Vorzüge könnten guten Sex versprechen.

Wenn nun die Phase des Verliebens eintritt geht es meist zur Sache.
Bei der Sache zeigt der große Mann der neuen Partnerin die harte Erektion seines kleinen Mannes.
Davon ist die Frau schwer beeindruckt, denn sie weiß nun, dass sein Penis funktioniert, und nützliche Dinge die noch dazu gut tun, sollten funktionieren.
Die Länge eines Penis ist für den Liebesakt nicht relevant, wie sonst könnte der Mann bereits mit seinem Finger die Frau bis zum Orgasmus stimulieren.
Der Vaginalkanal ist ca. 10 cm lang und davon sind gerade mal die ersten 6 cm am lustempfindlichsten.
Da würde sogar ein Penis in dieser Länge ausreichend sein.

Wesentlich wichtiger ist hier schon der Umfang und die Härte und somit die Funktionsfähigkeit seiner Erektion, aber am wichtigsten für Frauen ist natürlich die Ausdauer.

Nur, hier ist beim Mann in einigen wenigen Minuten bereits alles vorbei, die Frau muss also sehr erregt sein um in dieser kurzen Zeitspanne zum Höhepunkt zu gelangen.
Im schlimmsten Fall spielt sie den Orgasmus vor um den Mann nicht zu kränken das ist auf Dauer nicht befriedigend.

Aber Frauen sind erfinderisch und sicher hat eine Frau das Vorspiel erfunden hat, denn sie lieben das Vorspiel!

Der Mann hat einen Mund und zwei Hände und mit diesen Wunderwaffen kann er die Frau verwöhnen. Und der kluge Mann tut das auch, er führt die Partnerin damit bis zur Erregung um dann die Penetration mit seinem Penis zu vollziehen.
Frauen sind dann so scharf, dass sie fähig sind in der kurzen Zeit der Penetration zum Höhepunkt zu gelangen.

Was, wenn er nun aber wirklich und wahrhaftig „klein" geraten ist?
Hier kann die Frau ihre Scheidenmuskulatur benützen und wenn diese trainiert ist, ist es ihr möglich den Penis ganz schön in die Zange nehmen, es wird also richtig eng für den kleinen Mann.
Und die Lust wird dadurch für Mann und Frau beträchtlich gesteigert.

Die erloschene Sinnlichkeit der Frau

Frigidität heißt Gefühlskälte und ist der weiblichen Sexualität zugeordnet. Eine Frau die nicht lustvoll ist wird als frigid oder sexuell nicht erregbar bezeichnet, ihre Sinnlichkeit ist erloschen.

Frigidität kann durch den gestörten Hormonhaushalt oder Durchblutungsstörungen hervorgerufen werden aber auch psychische Probleme wie Depressionen, Sorgen oder Ängste können die Ursache sein.

Die fehlende Lust nach Sex entsteht jedoch meist durch schlechte Erfahrungen in der Sexualität und der lieblosen Behandlung des Mannes.

Junge Mädchen können durch einen Mann der sie nicht gefühlvoll sondern brutal in die Sexualität einführt, frigide werden und es auch bleiben. Sie reagieren mit Verweigerung und Misstrauen und haben Angst vor weiteren schmerzhaften Sexualkontakten. Der nächste Mann dieses Mädchen muss die Rücksichtslosigkeit und die Unfähigkeit seines Vorgängers dann ausmerzen und sie besonders sensibel an die körperliche Liebe heranführen.

Besonders Männer mit übertriebenen männlichen Gehabe, glauben eine Frau muss immer auf ihre sexuellen Avancen eingehen.
Wenn sie die Annäherungsversuche ablehnt, fangen sie an die Frau abzuwerten und nennen sie frigide nur weil sie ihr Ziel nicht erreichen konnten und eine Zurückweisung hinnehmen mussten.

Frauen sind sinnliche Geschöpfe die bei richtiger Behandlung durch einen einfühlsamen Mann auch Verlangen nach Sex spüren und dadurch auch zu einem Orgasmus fähig sind.
Schlechte Liebhaber sind Männer die nicht begriffen haben dass eine Frau lange stimuliert werden muss um in Wallung zu kommen.
Es liegt in der Regel am Mann dass eine Frau nicht lustvoll wird.

Leider weiß ein Mann meist nicht wie es die Frau nun gerne hätte und was ihr gut tut.
Und Frauen sind dabei meist keine Hilfe.

Sie verlassen sich auf den Mann und warten dass er ihr Verlangen nach Sex steigert, anstatt sich aktiv einzubringen.
Sie lassen den Mann einfach machen und wundern sich dann, dass es mit dem Höhepunkt nicht so klappt und der Sex mitunter als unangenehm empfunden wird.
Eine Frau spielt daher den Orgasmus vor um nicht als frigid bezeichnet zu werden und damit er seine sexuellen Aktivitäten einstellt.

Ein Mann, besonders der Macho reagiert meist aggressiv wenn sie nicht sofort Lust bekommt und so funktioniert wie er sich das vorstellt.
Doch gerade die ungeduldige Erwartungshaltung des Mannes und der damit verbundene Leistungsdruck an die Frau lassen die Frauen nicht lustvoll werden.
Nur durch ein feinfühliges und langsames Herantasten des Mannes kann sich eine Frau öffnen.
Sie braucht Zeit, zumindest wesentlich mehr Zeit als der Mann ihr lässt.
Am Anfang einer Beziehung ist kaum eine Frau frigid weil der Mann auf sie eingeht und das Liebesspiel mit Zärtlichkeiten hinauszögert und ihr damit zum Aufbau der Erregung genügend Zeit gibt.

Männer die nur eine schnelle Nummer wollen um ihr eigenes Verlangen zu stillen, jedoch der Frau keine Chance geben lustvoll zu werden, verstehen nicht dass sie sich von ihm zurückzieht und den Sex verweigert.
Zuneigung nur im Bett reichen nicht aus um eine Frau zu erregen auch der wertschätzende Umgang in der Beziehung muss gelebt werden.
Einer Frau, der in der Beziehung jede Art der liebvollen Zuwendung versagt wird, kann und wird nicht beim Sex plötzlich in Stimmung kommen.
Frauen brauchen nicht nur im Bett das Gefühl geliebt zu werden sondern auch im Zusammenleben des Alltags.

Eisberg oder Vulkan?

Es gibt Frauen die wollen weder sinnlich noch sexy sein.

Sie haben einfach kein Interesse an Sex weil es in ihrem Leben wichtigere Dinge gibt.
Frauen sind pflichtbewusst und nützen ihre Energie für den Job, die Kinder, den Haushalt oder sonstigen Tätigkeiten.
Sie empfinden sexuelle Gelüste als Zeitverschwendung, halten Männer auf Distanz und geben sich betont kühl.

Es gibt Männer die stehen auf solche Frauen.
Denn je schwerer eine Frau zu kriegen ist, je reizvoller wird sie und je mehr muss sich der Mann anstrengen.
Männer mögen Herausforderungen.

Männer beginnen bei solchen Frauen zu glühen. Sie brennen weil sie den Eisberg zum schmelzen bringen wollen. Sie glauben unter dem Eisberg brodelt ein Vulkan der von ihnen nur entflammt werden muss.
Sie versuchen die Frau mit ihrem ganzen Charme zu erobern und zu verführen.

Frauen fühlen sich durch seine Bemühungen geschmeichelt und geben nach langer Zeit seines Werbens endlich nach.

Nur entpuppt sich die Frau auch im Bett als Eisberg.
Was der Mann auch tut, sie wird einfach nicht heißer oder gar sinnlicher.
Sie schläft mit ihm weil es eben dazu gehört und um die Beziehung nicht zu gefährden.

Im sicheren Ehehafen wird sie seine Annäherungsversuche abblocken und Sex endgültig auf Eis legen.
Obwohl der Mann von Anfang an wusste dass die Frau spröde ist, hat er die Zeichen ihrer unerotischen Ausstrahlung ignoriert.
Ihre Sinnlichkeit ist nicht erloschen, sondern sie war nie vorhanden. Die Frau ist nicht frigid oder gefühlskalt, sondern verstandsorientiert. Sex steht an letzter Stelle oder hat einfach keinen Platz in ihrem Leben.
Es gibt eben Frauen die Sex nicht für wichtig halten!

Fazit:

Nur durch Vertrauen in der Partnerschaft wird auch das Vertrauen in der Sexualität vorhanden sein.
Männer dominieren meist den Liebesakt und brauchen daher diese Vertrautheit nicht unbedingt.
Hingabe wird immer noch vorrangig von einer Frau erwartet, dass ist aber nur durch Vertrauen möglich.
Frigidität entsteht aber durch zu wenig Vertrauen und zu wenig liebevolle Zuwendung.

Nachsatz:

Eine Frau die Sex liebt wird bei guter Behandlung durch den Mann auch sinnlich sein und es auch bleiben, eine Frau die Sex ablehnt hat kein Bedürfnis Sinnlichkeit zu erleben.

Sexuelles Erwachen und Handarbeit

Der Mann tut es. Die Frau tut es auch.
Sich selbst zu befriedigen.

Auch in einer glücklichen Partnerschaft und auch bei regen Sexualleben. Selbstbefriedigung ist angenehm, erregend, mitunter aufregend und macht Lust auf mehr.
Und ist keinesfalls verboten, im Gegenteil!
Wie soll man seinen Körper kennenlernen, wenn man nicht mal Hand anlegen darf.
Denn wenn man sich mit den Händen selbst erforscht, spürt man was einem gut tut!
Wie soll der Partner wissen worauf wir stehen, wenn wir selbst keine Ahnung haben wie wir es den gerne hätten?

Die Selbstbefriedigung fängt früh an, bereits vor der Pubertät.
Kleine Kinder berühren sich gerne und spielen mit ihren Geschlechtsteilen weil es ihnen gut tut.
Leider werden sie von Erwachsenen daran gehindert und für ihr Tun beschimpft.
Immer noch wird das Erforschen des eigenen Körpers als schmutzig abgetan oder als nicht richtig.
Kinder entwickeln dadurch sehr früh Schamgefühle und haben ein schlechtes Gewissen wenn sie sich anfassen.

Ihre spätere Sexualität wird durch Verbote gehemmt und sie finden es moralisch bedenklich, Sex zu genießen.
Schüchternheit, Verklemmtheit und andere sexuelle Störungen sind das Ergebnis einer solchen Erziehung.
Daher masturbieren die jungen Menschen hastig, aus Angs vor Entdeckung.
Eilige Masturbation hat zur Folge dass es auch mit einer Partnerin zu einem vorzeitigen Samenerguss kommen wird.

Masturbation ist das Lernen lustvoll Sex zu haben und daher sollte die Selbstbefriedigung genauso liebevoll ausgeführt werden, wie der Sex mit einer Partnerin.
Junge Männer die diese Handarbeit genießen und sich Zeit dabei lassen, werden auch zu einer einfühlsamen Sexualität mit einer Frau fähig sein.

Es ist nicht relevant in welchem Alter Kinder in die Pubertät kommen, es ist normal wenn manche mit neun Jahren oder andere mit dreizehn Jahren anfangen erwachsen zu werden. Ein etwa vierzehnjähriges Mädchen und ein etwa siebzehnjähriger Junge sind in ihrer Sexualität und in ihrem Begehren gleich entwickelt. In diesem Alter sind sie auch imstande in mehrere Personen des anderen Geschlechts verliebt zu sein.

In der Teenagerzeit versuchen junge Männer die heranwachsenden Mädchen für erste sexuelle Erfahrungen zu erobern und hoffen auch damit erfolgreich zu sein. Je mehr sie sich in Szene setzen und auffallen, desto mehr werden sie bei den Mädchen erhört.
Da dieses dümmliche Gehabe der Mini-Machos den Mädchen fremd ist und sie sich in der Pubertät auch gerne rebellisch verhalten, kommen Männer meist zum Ziel ihrer amourösen Anstrengungen.
Mit Küsse, Händchen halten und vorsichtige, ungeschickte Berührungen beginnen Jugendliche die sexuelle Welt zu entdecken.

Manchmal aber muss der junge Mann auch damit leben dass ihn seine Angebetete nicht erhört.
Sie lässt ihn abblitzen und verbietet ihm sich ihr zu nähern auch wenn er noch so um sie wirbt.
Erstmalig erfährt er wie verletzend ein Mädchen sein kann, obwohl er alles, wirklich alles für sie tun würde.
Der Verschmähte der rettungslos in das Mädchen verliebt ist, versinkt in Liebekummer.
Er kann nicht mehr essen, seine schulischen Leistungen sacken ab und er verfällt in depressive Stimmung.
Noch demütigender ist es für ihn, wenn sie sich jemand anderen zuwendet gegen den er keine Chance hat weil dieser älter, größer oder stärker ist.

Auch Mädchen kämpfen mit Liebeskummer, weil die erste Liebe meist einem Sänger oder Schauspieler gilt, der immer unerreichbar bleiben wird.

Wenn ein junges Mädchen sich nun endlich einem realen Mann zuwenden möchte, kann es sein dass dieser gar kein Interesse an ihr hat oder einem anderen Mädchen den Vorzug gibt.
Das ist bitter, denn gerade in dieser Zeit finden sich Mädchen hässlich und nicht liebenswert und bekommen es durch seine Ablehnung auch bestätigt.

Jungen und Mädchen haben unterschiedliche Vorstellungen von der erwachenden Sexualität.
Der junge Mann will vor allem körperliche Befriedigung und sich ausleben, eine feste Beziehung würde ihn daran hindern, Erfahrungen zu sammeln.
Ein Mädchen will Liebe, die bekommt sie jedoch nur über Sex.

Mädchen bieten sich daher an und hoffen, wenn sie ihm Sex gewähren wird er sie auch lieben.
Doch junge Männer sind wesentlich unreifer als Frauen und betreiben Sexualität als Wettbewerb und nicht als das was Sexualität ausmacht.
Nämlich eine erfüllende, sexuelle Zweisamkeit.
Sie wollen verschiedene Sexualpartnerinnen weil sie glauben, je mehr Mädchen sie flachgelegt haben, je höher steigt ihr Ansehen als guter Liebhaber.

Ein junger Mann der mit vielen Mädchen Sex hatte, gilt als Mädchenschwarm und wird auch begehrt.
Da werden Mädchen die immer beste Freundinnen waren zu Rivalinnen und buhlen um die Gunst eines Mannes, nicht immer mit fairen Mitteln.
Sie versuchen den Mann für sich zu gewinnen, auch wenn er vergeben ist.

In der Zeit der Pubertät wird eine junge Frau das andere Geschlecht stets vorziehen.
Für Liebe und Sex wird eine langjährige Freundschaft unter Mädchen zugunsten einer Beziehung aufgegeben.

Jungen Burschen sind Freundschaften unter Männern wichtiger als ein Mädchen.
Sie würden die Verbundenheit mit einem Freund nicht für eine Frau aufgeben solange sie sich
sexuell ausleben wollen und keine Beziehung anstreben.

Liebeskummer und Eifersucht sind eng miteinander verbunden und diese Gefühlswelt die hier über die jungen Menschen hereinbricht ist schwer zu begreifen und zu bewältigen.
Es ist die Zeit der Verletzungen, der Ablehnung und der Zweifel an der eigenen Person.

Noch dazu finden sie sich in dem Alter des sexuellen Erwachens alles andere als anziehend.
Geistig und körperlich fangen sie an der Kindheit zu entwachsen und doch sind sie noch weit entfernt von einer erwachsenen Frau oder einen Mann.
Sie befinden sich in der Pubertät in einer Zwischenstation von Kind und Erwachsenen, manche früher, einige später.

Wenn diese Zeit aber überwunden ist, kommt die Zeit der Verliebtheit und der Zweisamkeit.

Mit Sicherheit aber kommen alle Kinder in die Pubertät und verändern sich.

Sexuelles Erwachen:

Junge Männer in der Pubertät:

Es beginnt damit, dass die Hoden wachsen, die Haut wird unrein, der Kehlkopf wird größer
und der Junge kommt in den Stimmbruch. Die Haare unter den Achseln sprießen und die Schambehaarung wächst. Der Körper schießt in die Höhe und das Verhalten ändert sich.
Der Junge wird launenhaft, rebellisch und aggressiv, meist gegen Autoritäten, wie die Eltern oder die Lehrer.
Er will bestimmen was für ihn gut ist und ist sich sicher, dass er weiß was für ihn richtig ist.
Er fängt an Grenzen auszuloten und versucht der Bevormundung der Eltern zu entgehen.

Der junge Mann will um jeden Preis auffallen und wird zum Halbstarken.
In dieser Phase sind Eltern machtlos und vergessen dabei, dass sie diese Erfahrung auch durchgemacht haben.
Mehr oder weniger mit demselben, aufmüpfigen Verhalten.

Das gravierendste Erlebnis eines Teenagers ist jedoch die Erektion und der damit verbundene Samenerguss.
Der Penis wird plötzlich steif, meistens bei Dingen die der junge Mann sieht und die ihn erregen.
Etwa ein Mädchen, oder eine Szene in einem Film.
Der Penis wächst ohne sein Zutun und dafür schämt er sich.
Er hat keinen Einfluss auf diese körperliche Erscheinung und kann sie nicht stoppen.

Dieser Vorgang gehört einfach zur biologischen Weiterentwicklung dazu und ist völlig normal.
Meist kommt der erste Samenerguss völlig unvorhergesehen im Schlaf.
Der Junge wacht auf und spürt, das es an seinen Oberschenkel oder am Bauch klebrig ist, je nachdem wohin der Schuss losgegangen ist.
Davon ist er peinlich berührt.
Manchmal befindet sich das Sperma auch im Leintuch oder auf der Decke. Das ist noch unangenehmer.
Er versucht die Spuren zu beseitigen, auf seinem Körper ist das ganz einfach, hier helfen Taschentücher oder die Dusche.
Auf der Bettwäsche kann es schon schwieriger werden.
Er versucht verzweifelt das Sperma auszuwaschen, mit der Angst vor der nächsten Peinlichkeit, etwa wenn seine Mutter fragt was er da tut!
Kommt leider immer wieder vor.

Damit es gar nicht soweit kommen muss, sollte der Junge aufgeklärt sein, bevor er in die Pubertät kommt.
Schamgefühl der Eltern ist hier völlig fehl am Platz und verunsichert den Jugendlichen.
Er sollte normal mit seiner erwachenden Sexualität umgehen können, wenn er zum ersten Mal einen Orgasmus hat.

Weil ein Orgasmus so gut tut, wird der Junge immer wieder an sich herumspielen um dieses schöne Gefühl nochmals zu erlangen.
Aber er wird sich auch fragen ob das richtig ist was er da mit seinen Penis macht.
Ja, es ist richtig, es ist gesund und es reduziert den Stress.
Meistens kommen auch Fantasien auf wenn er sich mit der Hand befriedigt.

Vielleicht denkt er dabei an ein Mädchen das ihm gefällt oder er stellt sich vor mit jemanden Sex zu haben.

Jungen masturbieren gerne und sie sollten dabei kein schlechtes Gewissen haben, es ist ein
normaler Vorgang, den jeder junge Mann durchläuft.
Natürlich sollte diese Intimität alleine ausgeübt werden, ohne Zuseher wie etwa die Geschwister.
Selbstbefriedigung ist ein sexueller Akt und nicht für andere bestimmt.

Auch wenn der Junge zum Mann reift und erwachsen wird und auch wenn er in einer Beziehung ist wird er immer wieder masturbieren.
So entkommt er der Monogamie seines Sexlebens, so kann er Fantasien ausleben ohne die Partnerschaft zu gefährden.
Auch wenn er mehr Lust hat als seine Frau wird er auf Handbetrieb zurückgreifen.

Dafür muss der Mann auf Vorspiel, Küsse und Zärtlichkeiten einer Partnerin verzichten.
Und den Ablauf des Liebesspiels zwischen zwei Menschen kann Selbstbefriedigung nicht ersetzen. Die Partnerin wird das sexuelle Verlangen aufregender und liebevoller befriedigen, denn der eigene Handbetrieb bringt keine Überraschungen.

Junge Mädchen in der Pubertät:

Bei Mädchen beginnt die Pubertät mit der wachsenden Brust.
Zuerst bemerkt die heranwachsende Frau die kleine Wölbung die vorher noch nicht da war und schämt sich dafür.
Auch anderen fällt die Veränderung auf, besonders Freunde und Klassenkameraden starren ihr plötzlich auf die Brust.

Daher versuchen die Teenager die Ausbuchtung zu kaschieren oder verschwinden zu lassen, indem sie weite Kleidung tragen oder die Hände vor der Brust verschränken.
Die Mädchen ziehen sich zurück, vor allem von den jungen Burschen.
Sie vergleichen sich mit anderen und zweifeln an ihrem Körper wenn die Freundinnen schon mehr weiblichere Formen haben als sie selbst.

Auch das Gesicht wird markanter und die Haut bekommt Pickel.
Das Kopfhaar wird fettiger und der Haarwuchs unter den Achseln und im Schambereich beginnt.
Zusätzlich zu den körperlichen Erscheinungen treten auch Stimmungsschwankungen und das typisch weibliche, zickige Verhalten auf.
Die entscheidendste Veränderung ist der Beginn der Menstruation. Auch hier sollte die Aufklärung bereits vorher stattgefunden haben, auch heute noch gibt es Mädchen die extrem schockiert sind, weil sie plötzlich aus ihrer Scheide bluten.

Die erste Periode ist mit unangenehmen Begleiterscheinungen wie Bauchkrämpfe, starke Blutung und Rückenschmerzen verbunden.

Es ist die Aufgabe der Mutter, der Tochter zu erklären wie man Einlagen oder Tampons benützt.

Gerade wenn das Mädchen bei der ersten Blutung noch sehr jung ist, kann das Einführen eines Tampons schmerzhaft sein oder einfach noch nicht machbar. Hier sind Einlagen sinnvoller. Das Mädchen ist noch Jungfrau und der Scheidenkanal ist daher noch nicht gedehnt.
Im Jungfernhäutchen ist ein kleines Loch in der das Blut abfließen kann. Die komplette Entfernung passiert meist bei der ersten Penetration, entweder durch den Finger oder den Penis des Mannes. Ein Jungfernhäutchen kann aber durchaus bereits durch andere Umstände nicht mehr vorhanden sein. Beim Sport oder bei Verletzungen kann es passieren dass das Häutchen reißt. In den meisten Fällen ist das schmerzhaft und blutet.

Der wichtigste Punkt einer Periode ist jedoch die mögliche Schwangerschaft.
Durch die Menstruation reift ein Ei heran und wenn der Mann seinen Samen in die Scheide des Mädchen bringt, kann daraus ein Kind entstehen. Von Küssen und Petting wird man nicht schwanger. Auch wenn der Junge einen Samenerguss hat, solange der Samen nicht in die Scheide gelangt, ist eine Schwangerschaft nicht möglich.

Auch Mädchen befriedigen sich selbst, aber es läuft ganz anders ab als bei den Jungen.

Mädchen haben mehrere erogene Zonen.
Die Brust, die Brustwarzen, der Schamhügel, die äußeren und die inneren Schamlippen, der Vaginalkanal und die Klitoris.

Die Brust ist eine hochgradig erogene Stelle, besonders einige Tage vor der Periode der Frau.
Die Brust füllt sich mit Wasser, wird größer, praller und sehr empfindlich. Männer behandeln die Brust einer Frau meist mit einer gleichen Intensivität und fassen sie auch immer gleich fest an.
Die Frau erregt das Streicheln der Brust, aber vor ihrer Menstruation kann ein normalerweise angenehmes Anfassen plötzlich zu Schmerzen führen.
Männer verstehen nicht, dass die Frau sich ihren Liebkosungen entzieht, gestern hat es ihr noch gefallen, heute schiebt sie mich weg.

Eine Frau sollte es ihrem Partner sagen dass ihre Brust kurzfristig sehr sensibel auf seine Hände reagiert und es für sie unangenehm werden kann.
Männer sollen sich vorstellen wie unempfindlich ein schlaffer Penis gegenüber eines erigierten und prall mit Blut gefüllten Penis ist.
Da darf die Frau auch nicht wild hinfassen.

Wenn sich also eine Frau befriedigt, weiß sie genau wie fest oder leicht sie ihre Brust betasten kann und wie empfindlich ihr Schambereich ist.
Frauen können Selbstbefriedigung durchaus sehr genießen.

Doch im Gegensatz zum Mann masturbiert eine Frau selten bis zum Höhepunkt. Sie streichelt sich bis die Lust kommt.

Wenn die Erregung kommt spielt sich das so ab:
Ein wohlig warmes Gefühl breitet sich in der Scheide aus, man spürt wie man in der Vagina feucht wird. Auch die Schamlippen werden feucht und besser durchblutet. Daher werden sie röter und dicker. Das ist ein gutes Gefühl, wenn die Frau nun weitermacht, wird sie noch feuchter.

In diesem Stadium der Erregtheit hört die Frau meist auf sich zu befriedigen.

Das verursachte Gefühl ist gut und wird meist nicht bis zum Orgasmus weiterbetrieben.
Ein Orgasmus mit dem Partner ist wesentlich schöner als Masturbation weil dabei auch Liebe und Begehren eine Rolle spielen.

Manche Frauen treiben sich mit Hilfe von ihren Fingern oder eines Gummipenis aber bis zum Höhepunkt.
Frauen ohne Partner machen das, aber auch Frauen die ihren Partner nicht mehr lieben und Frauen deren Mann ein schlechter, gefühlloser Liebhaber ist.

Jedoch gibt es auch Frauen die sich nie selbst befriedigen:

Aus moralischen oder religiösen Gründen vermeiden sie sexuelle Berührungen. Sie lehnen es ab selbst Hand anzulegen oder finden es gesundheitlich bedenklich.
Einige machen sich nichts aus sexueller Befriedigung weil sie Lust als verzichtbar halten.
Manche wollen sich nicht an ihren Geschlechtsteilen berühren weil sie es als abstoßend empfinden.

Andere glauben dass sie schon zu alt sind für solche Spielereien oder sie haben keine sexuellen Bedürfnisse mehr.

Die Anfänge der sexuellen Laufbahn:

Ein junges Mädchen hat immer Angst vor dem ersten Geschlechtsverkehr. Angst vor den unbekannten Berührungen des Mannes, Furcht vor seinem Penis und vor allem der Penetration und den Schmerzen die ihr möglicherweise zugefügt werden.

Jedes Mädchen, das zum ersten Mal mit einem Mann schläft wünscht sich einen liebevollen und einfühlsamen Partner.
Der Penis des Mannes im erigierten Zustand sieht groß und bedrohlich aus und die Angst vor
seinem Eindringen ist übermächtig.
Sie verkrampft sich weil sie den Penis in sich aufnehmen soll oder fragt sich, ob sie dazu auch
fähig ist.

Ein Mädchen das ihre Jungfräulichkeit verliert und dadurch zur Frau wird möchte dieses besondere und vor allem einmalige Erlebnis als schön empfinden.
Sie begibt sich in die Hände des Mannes den sie liebt und schenkt ihm seine Unschuld.

Aber genau bei diesen ersten Mal passieren die unglaublichsten Dinge.
Ein Mann der selbst unerfahren ist, wird nicht wissen wie er ein unberührtes Mädchen in die Sexualität einführen soll.
Er wird vermutlich den Eingang in den Scheidenkanal nicht sofort finden, denn meistens wird der erste Geschlechtsverkehr im Dunkeln stattfinden weil sich beide schämen.
Peinlich für ihn, demütigend für sie.
Er wird versuchen mit Gewalt in sie eindringen und es möglicherweise auch schaffen, aber zu welchen Preis!
Genau das wovor sich das Mädchen am meisten fürchtete, tritt ein. Die Schmerzen!
Wahrscheinlich wird er zu schnell kommen, oder er martert die Frau mit einer hektischen Penetration bis zu seinen Orgasmus.

Sind beide unerfahren kann der erste Sexualkontakt in einem Desaster enden, weil das Pärchen zu gehemmt ist über ihre Wünsche und Ängste zu reden.
Verständlich das ein unerfahrenes Mädchen Sex als unangenehm und nichts Schönes empfindet. Daraus folgend wird sie sich in Zukunft verweigern oder den Sex als notwendiges Übel und nur zur Befriedigung des Mannes zulassen.

Meist sucht sich ein junges Mädchen für den ersten sexuellen Kontakt aber einen älteren Mann mit genügend sexueller Erfahrung.
Männer mit vielen Sexkontakten sind jedoch nicht unbedingt einfühlsam.
Ob ein Mann zärtlich ist, merkt eine Frau beim küssen und streicheln.
Wenn er mit seinem Mund und seiner Zunge ungeschickt hantiert und mit seinen Händen die Frau grob anfasst, wird er auch im Bett nicht zärtlich sein.
Ein solcher Mann ist ein schlechter Lehrer und vermittelt einer Frau eher Frust und Angst vor Sex anstatt Lust.

Wird ein Mädchen von einem zärtlichen Mann der sein Handwerk versteht verführt, hat sie das ganze Leben Spaß am Sex.
Sollte sie später noch miserable und brutale Männer im Bett haben, erkennt sie, dass der unbefriedigende Sex an seiner Unfähigkeit liegt.
Bei solchen Versagern bleibt die Lust aus und das Liebesleben entspricht nicht den Erwartungen.
Aber sie wird weiterhin Sex toll finden, eben mit einem anderen Mann.

Junge Männer bis etwa 25 Jahren haben ein starkes Verlangen nach Sex.
Ihr Testosteronspiegel ist in dieser Zeit am höchsten. Mit Sex bauen sie ihren Trieb ab, auch mit Frauen die ihnen egal sind.
Sie versuchen eine Frau zu verführen, weil die drängende Lust da ist. Die Erregung beim Mann kommt schnell, es reicht ein lüsterner Gedanke oder eine Frau die sexy aussieht.

Wenn sie älter werden, sind sie bereit eine Beziehung einzugehen, mit einer Frau die sie lieben.
Sex hat immer noch Priorität, aber in Verbindung mit Liebe.

Frauen sind von Anfang an gereifter, sie müssen in den Mann schon verliebt sein oder ihn zumindest mögen um seine körperliche Nähe zuzulassen.
Männer sollten wiederum darauf achten bei reifen, erfahrenen Frauen zu lernen.
Eine Frau die Sexualität liebt ist mit Sicherheit ein guter Lehrmeister.

Ein Mann, ein richtiger Mann, wird sich auch von einer Frau führen lassen.
Darum gehen manche männliche Anfänger zu Prostituierten um ohne Peinlichkeiten und Schamgefühl Sex zu lernen.

Sex! Nicht Liebe!

Nachsatz:

Lieben lernt man nur in einer Partnerschaft und liebende Menschen haben auch den besseren Sex!

Wechseljahre und Midlifecrisis

Frauen kommen in die Wechseljahre, Männer ebenso!

Frauen hassen ihre Periode!
Bauchkrämpfe und Rückenschmerzen, Wasseransammlung im ganzen Körper, empfindliche Brüste und Kopfschmerzen kündigen wieder einmal die Tage an.
Abgesehen von einer möglichen Schwangerschaft ist das Wohlbefinden herabgesetzt und sportliche Betätigungen sind nur eingeschränkt möglich.

Ist das Ende der Menstruation nicht ein Segen für die Frauen? Keine Unpässlichkeiten mehr, uneingeschränkte Freizeitgestaltung und Lust auf Sex!

Nein, denn sie gleiten sofort in die Wechseljahre!
Zwischen fünfundvierzig und fünfzig kommt jede Frau in die Wechseljahre.
Das ausbleiben der Periode ist wirklich toll, aber die anderen Dinge die jetzt auf die Frau zukommen sind wahrlich nicht angenehm.

Hitzewallungen, Schlaflosigkeit und Schweißausbrüche die hauptsächlich nachts stattfinden und Frauen dazu nötigen das feuchte Nachthemd und die Bettwäsche zu wechseln.
Und am Morgen versuchen sie völlig übermüdet und mit rotem Kopf und einem Hauch von Kleidung den Tag zu überstehen.

Weitere Beschwerden sind trockene Scheide, Harnwegsinfekte, Osteoporose, Immunschwäche und Gewichtszunahme, weil der Stoffwechsel irgendwie nicht mehr funktioniert.

Frauen verbrauchen weniger Energie weil der Eisprung nicht mehr stattfindet und die überschüssigen Kalorien verteilen sich auf Bauch, Taille und schön langsam auf die ganze Figur.
Stimmungsschwankungen bringen die Damen aus dem Gleichgewicht und die Herren zur Verzweiflung weil die Frau entweder reizbar oder launenhaft ist.
Und alles nur weil im Körper der Frauen Östrogene nicht mehr produziert werden!

Aber auch Männer kommen in die Wechseljahre und das bereits ab 25 Jahre!

Denn ab diesen Zeitpunkt verringert sich das männliche Hormon Testosteron, und ab da geht's bergab mit der Männlichkeit.

Sichtbar uns spürbar wird es für die Männer jedoch erst ab 45 bis 50 Jahre, also genau in dem Alter in dem Frauen in die Wechseljahre kommen.

Nur äußert sich dieses Nachlassen der Potenz völlig anders, sie befinden sich in einer Krise, besser bekannt als die Midlifecrisis.
Männer wollen ihre Jugend zurück!

Männer finden ihre gleichaltrigen Frauen nicht mehr schön, sie wollen eine Frau die sie begehren können.
Eine Frau ist dann sexy wenn sie auf Männer aufgrund ihrer körperliche Merkmale anziehend wirkt und eine älter werdende Frau kann ihnen diesen Anblick nicht mehr bieten.
Daher suchen viele Männer in der Mitte ihres Lebens eine junge, attraktivere Frau.
Sie hoffen, wieder explosiven Sex erleben zu können und fühlen sich wieder jung.

Aber eine wesentlich jüngere Frau wird diesen alternden Männerkörper nicht begehrenswert finden.
Was sie begehrt, ist seine dicke Brieftasche und die Aussicht auf eine angenehme Versorgung.
Männer sind so dumm und glauben ihretwillen geliebt zu werden.
Sobald die Frauen den Mann ausgenommen haben, werden sie weiterziehen und den nächsten abzocken.

Ein Mann braucht nicht sexy zu sein, er benötigt lediglich Geld, Besitz und Ruhm.
Alternde Männer wirken wie lächerliche Karikaturen, wenn sie mit Frauen die ihre Töchter oder gar Enkelkinder sein könnten in der Öffentlichkeit auftreten.
Das ist nicht bewundernswert, sondern peinlich.
Solche Männer erhalten von gleichaltrigen Frauen meist nicht die Bewunderung die sie für ihr Ego brauchen, denn diese Frauen sind ihnen in der Intelligenz und Lebenserfahrung gleichgestellt und damit haben die Herren in ihrer Männlichkeit Probleme.

Jüngere Frauen schmeicheln ihnen und Männer fühlen sich dadurch in ihrer Männlichkeit bestätigt.

Vergängliche Schönheit, Alter und Tabuthema Sex

Attraktiv im Alter?

Das fortschreitende Alter macht vielen Menschen Angst.
Bereits mit 25 Jahren beginnt der Alterungsprozess, bei Männern und Frauen.

Besonders Frauen haben Probleme mit ihrer vergänglichen Schönheit.
Die Oberschenkel bekommen Zellulite, die Beine Krampfadern und die Oberarme verlieren ihre Festigkeit.
Das Bäuchlein und der Po werden größer. Kleine Fältchen zeigen sich und im Laufe der Zeit vertiefen sich die Falten.

Die Haare werden dünner und grau, die Frisur immer kürzer.
Das Schlimmste für eine Frau ist aber die Veränderung der Brüste, die der Schwerkraft folgen und zu hängen beginnen.
Ein schöner Busen ist aber der Inbegriff der Erotik.

Um die Erscheinungen des Alters abzulenken werden Hilfsmittel genützt.
Hier wird mit einem Push up BH gearbeitet um die Form zu stützen und mehr Volumen zu erreichen.
Der Bauch wird in ein Mieder gezwängt um zumindest nach außen die flache Optik vorzutäuschen.

Auch Männer kämpfen mit Alterserscheinungen.
Die Muskeln bilden sich zurück, der Körper wird schlaffer.
Der einst knackige Po wird kleiner, die Brust schmäler und die Haut faltrig.
Oder sie bekommen einen immer größer werdenden Bauch, einen dicken Po und dicke Oberschenkel und sehen weiblich aus.
Manche ähneln einem wandelnden Fass auf Stelzen.
Die Haare werden weniger oder es kommt zur Glatzenbildung.
Den Alterungsprozess kann man nicht stoppen, aber man kann ihn hinauszögern. Mit Bewegung, Sport und einen aktiven Leben, dazu gehört auch Sex.

Sex und Alter:

Je älter ein Mensch wird, je weniger Wert legt er auf ein Sexualleben.

Ältere Männer kämpfen mit Erektionsproblemen.
Der Penis hat nicht mehr die Härte die zur Penetration nötig wäre. Auch steht er nicht mehr so steil nach oben wie in jungen Jahren.
Männer arrangieren sich mit diesen Mängel und vermeiden Sex mit ihrer Partnerin, obwohl das Verlangen vorhanden ist.
Sie behaupten, Sex ist nicht mehr von Bedeutung.

Ältere Frauen finden es befreiend, wenn der Mann das Sexualleben reduziert oder ganz einstellt, weil sie ihren alternden Körper nicht mehr mögen und sich dafür schämen.

Beide schließen mit ihrem Sexualleben ab und sind erleichtert dass der Sex nicht mehr stattfindet.
Männer und Frauen sind einfach bequem geworden, sie akzeptieren ihr lustloses Dasein und wenden sich als Ausgleich dem Essen oder Trinken zu.
Sie empfinden die fehlende Sexualität nicht als Defizit, argumentieren sie.

Wie im Sport ist es auch beim Sex.
Ein junger Mensch der sich nie sportlich betätigt, wird dies im Alter auch nicht mehr tun.
Und jeder der unbeweglich ist vermeidet körperliche Anstrengung und damit auch sexuelle Aktivitäten.

Paare die immer ein sexuell, aktives Leben führten, werden auch im Alter sexuelle Bedürfnisse haben und diese auch ausleben.

Ab welchem Alter ist Sex tabu?

„Mit siebzig noch Sex, muss das sein?"
„Sex im Altersheim? Das geht nun gar nicht!"
„Meine Eltern mit achtzig? Auf keinen Fall, ich will mir das nicht vorstellen!"
„Lust in diesem Alter? Das ist doch ekelhaft!"

„Alte brauchen das doch nicht mehr, die arme Frau wird von diesem geilen Lustmolch immer noch dazu genötigt. Wie der sie noch ansieht!"

Unglaubliche Aussagen über ältere Menschen, meist von jungen oder frustrierten Menschen die Sex verpönen.
Bereits Fünfzigjährige werden komisch angesehen wenn sie Sex wichtig finden.

Sex ist in keinen Alter tabu, Sex kann man betreiben solange es gesundheitlich möglich ist und solange man daran Spaß hat.
Kein Mensch hat das Recht darüber zu bestimmen, wie lange Paare ihr sexuelles Verlangen ausleben dürfen.
Nur die Paare selbst bestimmen das!

Viele glauben es ist abstoßend und unmoralisch mit einem alternden Körper Sex schön zu finden.
Hier geht es aber nicht um Attraktivität, sondern um zärtliche Berührungen, im Arm gehalten werden und um liebevolle Küsse.
Sex im Alter ist mehr Nähe und Zärtlichkeit als Geschlechtsverkehr.
Auch junge Körper sind oft aus der Form geraten und kein Mensch würde sich darüber Gedanken machen ob diese noch Sex haben.

Ist es das Alter oder der unattraktive Körper der Menschen, denen wir Sex nicht vergönnen?
Es ist das Unverständnis!

Nur Menschen die Sex nie schön fanden oder für entbehrlich hielten urteilen so über ältere Menschen.
Besonders im Alter hat man das Bedürfnis nach einem Partner der uns umsorgt und liebevoll mit uns umgeht.

Wenn der Körper nicht mehr so kann wie man will, wenn Schmerzen den Alltag prägen und wenn die Endlichkeit des Lebens bewusst wird.
Genau in dieser Phase sind Menschen glücklich wenn sie noch jemanden haben der mit ihnen den letzten Abschnitt ihres Daseins teilt und zärtlich mit ihm umgeht.

Langjährige Paare die sich innig lieben werden im Alter nicht damit aufhören!
Es ist ein Teil ihres Zusammenlebens das sie intim werden, sich streicheln oder auch Sex haben.
Der Sex wird sich zwar verändern, aber die Berührungen die so gut tun werden immer bleiben.
Was ist so schlimm daran?
Es ist immer noch ein Tabuthema dass auch Ältere Verlangen nach Zärtlichkeit haben.
Lust ist eines der schönsten Empfindungen, mit dem Alter hört dieses Gefühl nicht auf!
Es ist berührend wenn ältere Paare Hand in Hand einkaufen gehen und sich gegenseitig helfen und unterstützen.

Es ist die Natur die uns älter werden lässt und das biologische Alter lässt sich nicht aufhalten.
Man sollte das Altern gelassen hinnehmen, aus den Erfahrungen des Lebens lernen und das tun was glücklich macht.

Nachsatz:

Sex macht glücklich! In jedem Alter.

Sind Linkshänder und Homosexuelle pervers?

Nein, natürlich nicht!

Warum sollten Linkshänder perverser sein als Rechtshänder?

Bereits im Mutterleib wird die Anlage Linkshänder zu werden festgelegt.
Noch vor vierzig Jahren wurden Linkshänder in der Schule gezwungen mit der rechten Hand zu schreiben, obwohl die Natur vorgesehen hat, die linke Hand als Führungshand zu benützen!

Der Linkshänder wurde regelrecht umerzogen und ihm damit eine Körperverletzung zugeführt.
Ein Linkshänder der zum Rechtshänder genötigt wird kann es nie schaffen mit schöner Schrift zu schreiben.
Alle anderen manuellen Dinge wird er mit der linken Hand verrichten weil er eben links gesteuert ist.
Ein Rechtshänder hätte genauso Probleme wenn er zur Linkshändigkeit gezwungen würde.

Die Wissenschaft ist zum Ergebnis gekommen dass sich Linkshänder in keinster Weise von Rechtshändern unterscheiden.

Durch eine Umerziehung wird der Linkshänder aber nicht zu Rechtshänder, denn gesteuert wird der Linkshänder von anderen Hirnarealen als der Rechtshänder.

Genauso ist es bei Homosexuellen:

Die sexuelle Orientierung wird bereits in der Schwangerschaft festgelegt und lässt sich nicht mehr verändern.

Teenager die zum ersten Mal bemerken dass sie schwul oder lesbisch sind wollen ihre Neigung zuerst nicht wahr haben.
Sie versuchen ihre Liebe zum gleichen Geschlecht zu bekämpfen und zu verheimlichen.
Sie hadern mit dem Schicksal und gestehen sich ihre sexuelle Orientierung nicht ein.

Sie zweifeln an ihrem Wert, als Homosexueller nicht gleichwertig zu sein und bekommen diese Ungleichheit auch von der Gesellschaft bestätigt.
Darum vermeiden sie es ihre Sexualität öffentlich zu machen, weil sie besonders in beruflicher Hinsicht die Konsequenzen fürchten.

Homosexuelle sind nicht perverser als Heterosexuelle!

Homosexualität ist keine Sünde und auch keine Krankheit.
Die Menschen leiden ja nicht unter ihrer Homosexualität, sie leiden unter dem Druck der Gesellschaft die sie immer noch diskriminiert.
Homosexualität ist nicht unmoralisch sondern gehört zum Mann oder zur Frau als besondere Anlage und Ausprägung der Sexualität.

Liebe ist doch kein Verbrechen, ganz gleich in welche Richtung sie geht. Sex ist schön, egal welche sexuelle Orientierung bevorzugt wird, solange niemand zu Schaden kommt und beide daran Spaß haben.

Was macht das für einen Unterschied ob die körperliche Liebe zwischen Mann und Frau oder gleichgeschlechtlichen Paaren stattfindet. Liebe und Sexualität sind Grundbedürfnisse eines jeden Menschen und dafür braucht es endlich Verständnis.

Die Menschheit rühmt sich ihres Fortschritts. Fortschritt? Ja, in der Technik, in der Medizin,... aber nicht in der Menschlichkeit, nicht in der Akzeptanz.

Liebe Frauen:

Es ist toll einen schwulen Mann als Freund zu haben, er liebt shoppen gehen, kennt sich in der Mode aus, kann zuhören, ist nicht neidisch und er ist gepflegt und hübsch.
Die Frau kann sich also mit ihm sehen lassen und braucht keine Angst zu haben dass ein vertrauliches Gespräch die Damenrunde macht.

Liebe Männer:

Es ist toll dass es schwule Männer gibt, denn sie sind keine Konkurrenten! Der beste Freund wird schnell zum Rivalen wenn es um eine Frau geht. Vertraut eure Frau niemals einem heterosexuellen Mann an, aber lässt sie mit einen schwulen Mann befreundet sein, er geht mit ihr einkaufen und auf einen Kaffee und ihr könnt inzwischen Fußball sehen oder euch mit Freunden treffen und diese dabei unter Aufsicht halten. Freundschaft zwischen Mann und Frau funktioniert nämlich nicht, irgendwann kommt Erotik ins Spiel. Würde es doch mehr schwule Männer geben die sich outen.

Fazit:

Homosexualität ist genauso normal wie Heterosexualität und gleichgeschlechtliche Liebe hat das gleiche Verlangen wie bei den Heteros:
Liebe, Zuneigung, Vertrauen, Sex.

Nur die Gesellschaft und die Religion hat Angst vor der sexuellen Freiheit und darum setzt sie Grenzen!

Traurig, dass sich Menschen die das gleiche Geschlecht lieben immer noch verstecken müssen.
Ihnen fehlt die Kraft und die Energie um ihre Veranlagungen offen leben zu können weil sie die Gesellschaft stigmatisiert.

Nachsatz:

Liebe und Sex ist ein Menschenrecht!

Gleichheit

Männer und Frauen sind unterschiedlich und genau das macht ihre große Anziehungskraft aus.

Die Männlichkeit und die Weiblichkeit ist die Erotik die uns immer wieder nach einen Partner des anderen Geschlechts suchen lassen.
Und in dieser Partnerschaft wollen Mann und Frau Gleichheit!

Es gibt Männer die sich vor Frauen fürchten!

Daher wollen solche Männer keine Gleichberechtigung in der Beziehung. Sie suchen bewusst eine Frau die sie unterdrücken können und die sich unterdrücken lässt.
Ein Mann hat Angst die Kontrolle über die Frau zu verlieren und will in der Beziehung herrschen, notfalls mit Gewalt.
Daher wählt er keine Partnerin die intelligent genug ist ihm Paroli zu bieten, sondern eine Frau die er abwerten und dominieren kann.
Er will eine Frau die arbeitet, den Haushalt führt, die Kinder erzieht und ihm für Sex zur Verfügung steht.
Er will also keine Partnerin sondern eine Sklavin.
Sobald diese Männer krank, schwach oder alt werden, beginnt die Frau ihren Mann es mit gleicher Münze heimzuzahlen. Sie wird alle Demütigungen, die sie erdulden musste, dem Mann zurückgeben.
Oder sie verlässt ihn!

Wie unsicher muss ein Mann sein wenn er nicht fähig ist eine Partnerschaft auf Augenhöhe zu führen?
Was ist in seinem Leben schiefgelaufen dass er so rückständig und unzivilisiert agiert?
Wie groß müssen seine psychischen Probleme sein dass er seine eigene Frau abwertet nur um seine Angst zu bekämpfen?
Frauen müssen lernen, sich keinesfalls auf einen solchen Mann einzulassen oder gar eine Beziehung mit ihm zu führen.
Dann würden solche Männer keine Partnerin finden und wären gezwungen ihr Verhalten zu ändern.
Ansonsten würden sie für immer allein bleiben ohne Liebe und Anerkennung und einsam sterben.

Richtige Männer wollen Gleichberechtigung!

Sie wollen eine gleichwertige Partnerin die ihnen geistig ebenbürtig ist.

Sie wollen eine Beziehung auf Augenhöhe führen und sie wollen die finanzielle Verantwortung für die Familie mit ihrer Partnerin teilen.
Richtige Männer teilen die Kindererziehung mit ihrer Frau und bauen zu den Kindern eine emotionale Bindung auf.
Und sie teilen mit ihrer Frau die Arbeit im Haushalt denn sie können kochen, putzen und bügeln.
Kein Mensch würde einen Fernsehkoch als unmännlich titulieren, ein Mann kann Wäsche waschen genauso gut wie eine elektrische Leitung verlegen.

Männer beteiligen sich an sämtlichen Verpflichtungen im Alltag um Zeit für gemeinsame Unternehmungen zu haben.
Sie nützen den gewonnen Spielraum für Sex, Sport und Hobbys und sind daher ausgeglichener, zufriedener und glücklicher.

Männer wollen nicht von ihrer Frau verlassen werden und die Kinder verlieren, daher stärken sie die Bindung zu ihren Familien mit Unterstützung und einem wertschätzenden Umgang.

Vor allem wollen Männer Gefühle zeigen.

Männer wollen Gleichheit in der emotionalen Welt.
Sie wollen weinen ohne als unmännlich zu gelten und sie brauchen manchmal eine starke Schulter zum anlehnen.
Sie wollen Kränkungen eingestehen und von der Frau Verständnis für ihre schwachen Seiten.
Sie wollen getröstet werden wenn sie Probleme haben und sie wollen in wichtigen Entscheidungen unterstützt werden.
Männer würden gerne weniger arbeiten um mehr Zeit mit der Familie verbringen zu können ohne gravierende Einbußen im finanziellen Bereich. Sie würden sich der Kindererziehung und dem Haushalt widmen, wenn ihr Job und ihre Aufstiegschancen und somit eine höhere Bezahlung nicht in Gefahr wäre.
Männer arbeiten gerne im Team und eine Beziehung ist Teamarbeit. Nur so kann eine Partnerschaft funktionieren und bestehen bleiben.

Frauen wünschen sich Gleichberechtigung!

Frauen wollen Gleichheit im Job, denn immer noch werden sie bei einem beruflichen Aufstieg gebremst oder behindert und bei Beförderungen übergangen.
Sie wollen die gleichen Chancen bei der Berufswahl und vor allem wollen sie Gleichheit in der Bezahlung.

Sie verdienen nicht weniger weil sie weniger Stunden beschäftigt sind, sondern weil ihr Stundenlohn etwa dreißig Prozent geringer ist als der eines Mannes.
Trotz gleicher Ausbildung und gleicher Arbeit werden Frauen schlechter entlohnt als Männer.
Und Frauen lassen es zu!
Chefetagen werden vorrangig von Männern besetzt und diese finden dass eine Frau, besonders wenn sie verheiratet ist, mit weniger Gehalt auskommt weil sie von ihrem Mann unterstützt wird.
Und sie glauben, viele Frauen arbeiten Teilzeit weil sie mit den Kindern, den Haushalt und anderen Verpflichtungen völlig ausgelastet sind.
Frauen müssen sich den Öffnungszeiten der Kindergärten und Schulen anpassen und daher haben sie nicht die Möglichkeit dem Arbeitgeber den ganzen Tag zur Verfügung zu stehen.
Außerdem befreien sie ihren eigenen Mann von häuslichen Verpflichtungen und halten ihn den Rücken frei.
Der Mann kann sich voll auf die bezahlte Arbeit konzentrieren, weil er eine Partnerin hat die ihm die Möglichkeit dazu gibt.

Aber Frauen arbeiten nur aus einem einzigen Grund weniger als der Mann:

Mit ihrem Gehalt könnten sie trotz Vollbeschäftigung keine Familie ernähren, weil eben die unfairen Gehaltsunterschiede zwischen Frau und Mann bestehen!
Daher entscheiden sich vorrangig Frauen die Arbeitszeit zugunsten der Familie zu reduzieren.

Frauen wollen nicht aufsteigen, sie wollen nicht unbedingt eine Führungsposition, nein! Sie wollen gleich bezahlt werden um die Freiheit der Wahlentscheidung zu haben.

Wer arbeitet den ganzen Tag oder wer arbeitet weniger Stunden um sich um das Privatleben zu kümmern.
Mann oder Frau?
Doch diese Möglichkeit der Wahlfreiheit gibt es durch die ungleiche Bezahlung nicht!

Frauen können große Autos fahren, Reifen wechseln und mit einer Bohrmaschine umgehen.
Sie arbeiten in einem technischen Beruf und beim Heer und sind dabei genauso kompetent wie Männer.

Frauen wollen gleiche Aufteilung im Haushalt und in der Kinderbetreuung und Mithilfe im Alltag.
Und für gleiche Arbeit gleichen Lohn!

Ungleiche Arbeitsaufteilung:

Frauen haben neben dem Job immer etwas zu tun und langweilen sich nie!
Die wenige Freizeit die ihnen bleibt, nutzen sie zur Entspannung, wie lesen, fernsehen oder schlafen.
Frauen telefonieren viel um ihre sozialen Kontakte aufrechtzuerhalten.

Männern telefonieren nicht weil sie genug Zeit haben sich mit ihren Freunden zu treffen.
Männern wird schnell langweilig.
Nach dem Job wissen sie nicht was sie tun sollen und übersehen auch die Arbeit im Haushalt.
Daher haben sie mehr Hobbys, betreiben mehr Sport und sitzen mehr im Gasthaus.
Weil ihnen niemand sagt was sie zu Hause tun sollen.

Frauen sind selbst Schuld wenn sie dem Mann keine Haushaltpflichten übertragen oder ihn um Mithilfe ersuchen.
Männer helfen nicht, weil ihre Bemühungen bei der Frau nie Anerkennung findet.
Also lassen sie es.
Gemeinsamkeiten werden immer weniger, weil die Aufteilung der Arbeit im Job und im Privatleben ungleich verteilt ist!
Frau und Mann müssen an einem Strang ziehen um die Ungleichheit zu beseitigen.

Mann und Frau wollen Gleichberechtigung in der Welt des anderen Geschlechts.
Besonders in der Arbeitswelt wollen Paare Gleichheit.
Sie wünschen sich gleiche Bezahlung, gleiche Arbeitsaufteilung und gleiche Voraussetzungen im Beruf oder im Privatleben.
Und selbst entscheiden wie die Arbeit verteilt wird.

Fazit:

Auch wenn das Wunder der Gleichberechtigung in der Partnerschaft und in der Gesellschaft irgendwann einmal eintreten würde, werden Mann und Frau nie gleich sein.
Was einer nicht hat, besitzt der Andere, nur so können sich Paare ergänzen und voneinander lernen. Vor allem fühlen sich zum anderem Geschlecht hingezogen.

Nachsatz:

Wir brauchen also keinen Partner um zu überleben und dennoch brauchen wir einen Partner nötiger als je zuvor.

Für die Erfüllung unseres wichtigsten Bedürfnisses, nämlich geliebt zu werden.